FRAGMENTS DE VIES

FACE A L'INJONCTION VACCINALE

DES SAGES-FEMMES INTERDITES D'EXERCER

Témoignages

Elsa RELLIER

L'existence même de mouvements totalitaires au sein d'un monde non totalitaire et, partant l'attrait qu'exerce le totalitarisme sur des gens qui disposent de toutes les informations et entendent des mises en garde à longueur de temps, témoigne de manière éloquente de l'effondrement de toute la structure de la moralité, de tout le corps de commandements et d'interdictions qui, traditionnellement, incarnaient les principes fondamentaux que sont la liberté et la justice et les exprimaient sous forme de rapports sociaux et d'institutions politiques.

Hannah Arendt

D'abord, ne pas nuire.

Les sages-femmes auraient dû être le corps de métier qui se soulève en premier. Nous avons tous les arguments pour aller contre la propagande. Pour protéger les femmes enceintes, on aurait dû toutes réagir ! Se dresser comme un mur pour les protéger, toutes, unanimement : «Là, ce n'est pas possible, on n'y va pas, pas les femmes enceintes! pas nos patientes ! ».

Sophie, 2022

REMERCIEMENTS

Cet écrit est dédicacé à mes enfants et petits-enfants et à tous les enfants de la terre.

Il rend hommage à ceux qui souffrent depuis deux ans, aux victimes du mensonge, à tous ceux qui osent se poser des questions, tous ceux qui osent dire non.

Un immense merci aux locutrices pour leur précieuse participation. Je remercie les relecteurs patients et ceux qui m'ont soutenue et encouragée tout au long de ce travail.

Table des matières

Cet écrit est un témoignage pluriel. Le témoignage de mes collègues sages-femmes, de celles qui ont bien voulu parler fort, raconter, se raconter dans le silence ambiant au temps de la « suspension des soignants ». Quand je suis venue leur demander ce qu'était devenue leur vie entre 2020 et 2022, elles ont expliqué le tournant improbable que prenait leur existence toute entière. Elles ont décrit ce que représentait pour elles leur métier, comment elles l'avaient conquis souvent de haute lutte, comment elles l'exerçaient depuis des années avec conscience et plaisir, dans des conditions difficiles parfois et comment elles se retrouvaient aujourd'hui dans des situations de peur, de précarité, d'isolement, contraintes parfois d'abandonner la profession.

Elles sont sages-femmes hospitalières, elles travaillent dans les hôpitaux publics ou les cliniques privées, coordinatrices ou cliniciennes, en cabinet en exercice libéral, elles déclinent avec leurs mots, leur expérience hors du commun. Ce témoignage respecte les mots tels qu'ils ont été prononcés et reste au plus près du vécu, des émotions.

Aujourd'hui, les entraves de plus en plus serrées d'une société totalitaire bride la parole, la communication et le savoir. Beaucoup de nos concitoyens ignorent encore la gravité de la situation des soignants et le naufrage programmé du système de santé. Mais petit à petit, grâce aux actions menées par des regroupements, des collectifs professionnels et citoyens les vérités émergent. Les consciences s'allument.

<u>Voix de sages-femmes</u>[1] regroupe des professionnelles lanceuses d'alertes. Elles expriment leur inquiétude concernant les femmes enceintes et les enfants.

Le collectif des <u>Sages-Femmes Clés,</u>[2] réseau d'écoute et de partages a mené plusieurs actions notamment auprès des Conseils National et départementaux de l'Ordre des sages-

---

1   <u>mailto:voixdesagesfemmes@gmail.com</u>
2   <u>mailto:sfcles@protonmail.com</u>

femmes, des élus et des journalistes.

Le <u>Syndicat Liberté Santé</u>[3] a vu le jour pour défendre les professions de santé et les professions connexes.

Le site <u>Les Essentiels</u>[4] donne un visage aux soignants suspendus avec la volonté d'écrire cette page de notre histoire.

Le documentaire « <u>Suspendus... Des soignants entre deux mondes</u> »[5] de Fabien Moine revient sur deux années de crise et décortique un système dans lequel les soignants auront été utilisés et manipulés.

Le court métrage « <u>Suspendus</u> » donne la parole aux soignants interdits d'exercer sur le site la Vérité libère.com.[6]

---

3   <u>https://www.syndicat-liberte-sante.com/</u>

4   <u>https://lesessentiels.org/</u>

5   https://exuvie.fr/livre/suspendus_des_soignants_entre_deux_mondes/

6   https://laveritelibere.com/sante/suspendus-un-court-metrage-sur-les-soignants/

Le lecteur trouvera ici des Histoires Individuelles qui s'entrelacent. Elles sont, dans leur spécificité, la parole de la Grande Histoire qui rend compte de ce qu'il se passe et qui concerne l'ensemble de la société. Chaque sage-femme raconte sa situation, sa réaction, et sa vie à l'intérieur de l'effondrement programmé du système public de santé, face à l'extorsion du consentement, face à la réduction de l'humain. Chacune dit comment, à sa manière, elle rêve, elle reconstruit autour d'elle, à la mesure de ses moyens, un autre système de soins, un autre monde, une autre vie pour elle, ses patientes, sa famille.

Nous allons suivre sept chemins semblables et différents. Comme moi, sept sages-femmes vivaient leur métier, elles étaient sur le terrain chaque jour et travaillaient à l'accueil des êtres humains sur terre. Aujourd'hui, elles sont brusquement arrêtées dans leur course par une interdiction de travailler, immobilisée dans cette situation tellement invraisemblable. Je suis comme elles et je désire donner du temps à la parole. Je les entends, les écoute, me mets au diapason et je tente de donner du sens à ce qui nous arrive.

Tous les patronymes et les noms de lieux ont volontairement été supprimés car les temps du totalitarisme ne sont pas tendres avec ceux et celles qui résistent. Mais il reste l'essentiel. L'essentiel c'est cette parole pour que l'on sache, pour que l'on n'oublie pas.

État des lieux

La conjoncture sanitaire de dégringolade vécue par la population française à partir de la fin de l'année 2019 avec son leitmotiv « Covid 19 » trouve en France un terrain favorable à sa réalisation. En effet, elle est le résultat, le stade avancé et peut-être terminal d'un long dépérissement du système de santé. Au début de l'année 2020, « les recommandations médicales » souvent contradictoires, les discours médiatiques de peur, les confinements, plongent la population toute entière dans un état de détresse. Au sein de cette débâcle, les professionnels de santé sont applaudis, surexploités, malmenés, insultés puis laissés à l'abandon. Tout ceci a été rendu possible par une détérioration du soin installé depuis plusieurs années.

Les conditions de naissance et de fin de vie pourraient être les étalons servant à mesurer l'état de santé d'une société. Le traitement humain et financier accordé aux deux extrémités de la vie est un signe fort, révélateur de l'importance que la société accorde à l'Humain. Autour de la naissance, le métier de sage-femme est celui de « gardienne de la bonne santé des femmes ». Les sages-femmes accompagnent les femmes non seulement dans l'aventure physiologique de la maternité, mais leurs compétences les amènent aussi à être les interlocutrices de la femme tout au long de la vie, de l'adolescence à la vieillesse.

Depuis deux ans, dans cette tourmente, que vivent les sages-femmes ? Que pensent-elles de leur vie professionnelle dans les années 2020 ? En exercice libéral, à l'hôpital ou dans un établissement privé, comment les sages-femmes observent-elles et vivent-elles leur quotidien professionnel? Comment compose-t-on avec le réel d'une détérioration du système de santé, avec l'effondrement du service public ? Comment réagit-on face aux discours de façade, aux pseudo-concertations comme le «Ségur de la santé» de mai 2020 et les promesses jamais tenues de changements radicaux annoncés par Édouard Philippe alors premier ministre?

Rentabilité et maternité une dissonance insoutenable

Thaïs :

Moi, hospitalière dans le public, je ne voulais pas travailler dans le privé. Ce qui m'importait ce n'était pas le salaire, mais la prise en charge des patientes et ce qu'on pouvait leur donner, leur apporter. Dans le public, la sage-femme suit les patientes de A à Z et les accouche. L'accompagnement est global. Elle n'attend pas que le médecin arrive pour faire l'accouchement, il y a vraiment une symbiose qui s'installe avec la patiente. Je suis entrée dans le public pour le soin, pour avoir une prise en charge totale de la patiente, pour être tout le temps avec elle, ne pas la délaisser et la confier à quelqu'un d'autre au dernier moment.

Un changement perceptible est apparu au fur et à mesure des années. La T2A[7] a été instaurée, des lits supprimés[8], le personnel non remplacé.

J'avais l'impression qu'on était arrivé à un tournant. Je travaillais dans une maternité de niveau III[9], qui reçoit des patientes d'un peu partout. Mais on peut considérer aussi que c'était une maternité de niveau I. Viennent accoucher toutes les femmes qui habitent les alentours et qui

---

7   La tarification à l'activité (T2A) est une méthode de financement des établissements de santé mise en place à partir de 2004 dans le cadre du plan « Hôpital 2007 ». Elle repose sur la mesure et l'évaluation de l'activité effective des établissements qui détermine les ressources allouées. https://crowdbunker.com/v/wggDCohE Pierre Chaillot, CSI La codification et la tarification à l'acte à l'hôpital.

8   . Les maternités françaises disposaient de 14 803 lits au 31 décembre 2020, contre 15 057 un an plus tôt, selon les données de la Drees. Le terrain : 200 maternités ferment en 17 ans https://drees.solidarites-sante.gouv.fr/sites/default/files/2021-07/ER1201.pdf

9   .La réorganisation des établissements hospitaliers et des cliniques date de 1998 https://www.has-sante.fr/upload/docs/application/pdf/2010-04/grossesses_a_risque_-recommandations.pdf Annexe 1. Rappel sur la définition des différents types de maternités

souvent vivent des conditions sociales très précaires. L'hôpital est central et draine énormément de population en situation très difficile. Avec le temps, on a reçu de plus en plus de femmes venant des départements extérieurs, car on ferme les petites maternités. Actuellement, ce que l'administration de l'hôpital regarde, c'est la durée du séjour. Il faut faire sortir les patientes le plus rapidement possible sinon c'est une perte d'argent. On en est arrivé là...

Certaines peuvent être rapatriées dans des maternités de niveau I ou II, c'est ce que l'on fait pour qu'elles continuent à être prises en charge. Pendant la crise Covid, on en a gardé parce qu'elles ne voulaient pas partir, elles avaient peur. Mais dans les statistiques de l'hôpital, le séjour moyen des patientes est analysé et on regarde ce que ça rapporte. Les maternités ne sont pas un secteur qui rapporte beaucoup. Si la population est « précaire », c'est encore moins lucratif. La plupart des femmes n'ont pas de couverture sociale. Beaucoup de patientes viennent de l'étranger, des pays d'Afrique.[10] Elles arrivent sur le territoire, elles n'ont rien.

Tous ces calculs de rentabilité de l'hôpital me dérangeaient particulièrement.

Sarah :

Quand j'étais étudiante, on m'avait expliqué comment marchaient les enveloppes annuelles pour l'hôpital. Après il y a eu ce qu'on appelle la tarification à l'acte. Concernant le matériel par exemple, il fallait utiliser tout ce qui avait été commandé pour pouvoir recommander les mêmes quantités et avoir autant d'argent pour l'année

---

10 A propos des femmes migrantes et maternité. Dutrey O. (2020). <u>Vivantes, des femmes migrantes racontent</u> Ed. l'Harmattan.

d'après, quitte à gaspiller. C'était déjà un non-sens pour moi. Pour les actes médicaux, c'est le même objectif de rentabilité. Par la suite, la situation s'est encore dégradée au fil des années. Quand j'étais salariée, j'ai subi le manque de personnel : nous avions de plus en plus de tâches. J'étais sage-femme mais en même temps, il fallait répondre au téléphone quand il n'y avait pas de standard. Quand il n'y avait pas de femmes de ménage, il fallait nettoyer, quand la diététicienne n'était pas là, il fallait faire les commandes des repas. Les tâches retombaient sur nous. En plus de notre métier de sage-femme, nous assurions les autres besognes car nous étions soi-disant nombreuses. Cette détérioration m'a motivé à quitter la clinique.

Claire :

J'ai la chance d'être dans une petite structure. On fait 800 accouchements par an à peu près. Il y a vraiment une ambiance particulière, on est très « soutenantes » et très tolérantes les unes envers les autres. J'étais heureuse dans mon établissement.
Mais quand je considère toute la part administrative qui s'est imposée dans mon métier, j'ai l'impression que j'y perds mon énergie, c'est un éternel recommencement. Notre dynamisme n'est pas bien utilisé, il est dilapidé dans des obligations qui ne font pas vraiment avancer. Il faut avoir l'accord d'un tel qui redemande à un tel autre pour faire quelque chose.
Par exemple, pour la réanimation bébé, pendant deux mois le personnel concerné a mené une réflexion pour apporter des changements souhaitables pour le service. L'administration nous a dit que ce qu'on avait fait était

très bien, mais que nous aurions dû le réaliser avec la cadre. Pourtant la cadre était au courant, elle a validé notre travail. Le pédiatre a dit qu'il fallait que notre travail passe en commission pour pouvoir le valider et faire les changements demandés. Ce sont pourtant des changements très pratiques de notre quotidien de sages-femmes et d'auxiliaires de puériculture ! Donc toute l'énergie mise dans le projet est freinée. Chacun perd le fil, la dynamique qui a fait qu'on a envie de changer des choses faiblit. Les initiatives individuelles ne sont pas valorisées, du coup beaucoup ne vont pas au-delà parce que c'est épuisant. Tout le monde est usé, endormi, sous une chape. Le personnel n'ose pas prendre d'initiatives et proposer de nouvelles actions parce qu'on sait que tout va être compliqué. Ce qui faisait la force de notre maternité c'est que chacun, avec son caractère, avec ses idées, amenait des évolutions bénéfiques. Maintenant la chape est trop lourde.

Jusqu'à présent, nous étions suffisamment en nombre pour pouvoir remplacer une absente sur la base du volontariat. Déjà, avant le Covid, les heures supplémentaires ont commencé à être payées ce qui montrait que le manque de personnel allait se prolonger, les professionnels étaient de plus en plus difficiles à trouver. La direction nous a aussi demandé de mettre des heures sur un compte épargne temps. Les filles sont fatiguées, elles sont moins sereines, elles savent qu'elles vont devoir peut-être remplacer les collègues. Cette inconstance, l'incertitude des plannings n'aident pas. Les professionnels sont mis en insécurité par rapport au rythme de travail, par rapport à la façon dont ils sont reconnus. Beaucoup ont réalisé avec le Covid qu'il ne fallait pas attendre de reconnaissance, quoiqu'on fasse à la maternité. Si un jour la suspension est décidée pour telle catégorie, ça sera comme ça et pas autrement. Même ceux qui ne sont pas allés jusqu'à la suspension ont pris conscience que nous sommes vraiment des pions.

Lois... et réalité

En 2009, la loi « Hôpital, Patients, Santé et Territoires » du 21 juillet devait apporter des changements radicaux à la condition de la sage-femme. Roselyne Bachelot , alors ministre de la santé, dans sa préface à la loi mettait en avant « la qualité des soins et des prises en charge, la qualité des organisations et des conditions de travail. »

Oui, depuis 2009, le travail a changé ! Les sages-femmes peuvent désormais assurer les consultations en matière de gynécologie préventive et de contraception auprès des femmes en bonne santé tout au long de leur vie.
Elles peuvent pratiquer en toute autonomie l'ensemble des actes cliniques et techniques nécessaires au suivi et la surveillance gynécologique des situations non pathologiques et au dépistage de situations pathologiques (frottis cervico-vaginal, examens complémentaires : dépistage IST, bilan biologique).
Elles peuvent proposer aux patientes différentes méthodes contraceptives et peuvent prescrire et administrer l'ensemble des moyens contraceptifs (contraceptifs locaux, hormonaux, intra-utérins, diaphragmes et capes, contraceptifs d'urgence). Il en va de même auprès de patientes mineures en dehors de tout recueil obligatoire au préalable, du consentement des titulaires de l'autorité parentale.
Elles peuvent pratiquer des échographies gynécologiques.
En 2022, les sages-femmes peuvent réaliser des actes de téléconsultations qui sont remboursés par l'Assurance Maladie. La loi du 18 août 2022 autorise les sages-femmes à vacciner non seulement les femmes, l'entourage des femmes enceintes, mais

aussi les mineurs selon les recommandations du calendrier vaccinal en vigueur.

Mais ces acquis sont-ils vécus comme une amélioration de leur profession ?
Ces changements apportent-ils une réelle évolution favorable à la santé des femmes ?
Qu'en-est-il aujourd'hui du bien-être de la naissance ?
Est-ce pour le développement harmonieux de la relation parents-enfants ? Est-ce pour le bonheur des enfants?

Malgré les évolutions de la profession, la sage-femme réclame toujours sa reconnaissance... (cf les propositions de l'Union Nationale des Sages-femmes Françaises pour les discussions à l'Assemblée Nationale sur le Projet de Loi de Financement de la Sécurité Sociale).[11]

Par quels chemins cette reconnaissance doit-elle passer ? Compétences n'impliquent pas reconnaissance. Les compétences ne sont pas attribuées sans contrepartie. En premier lieu, les professionnelles doivent se former à leur frais pour acquérir un savoir-faire qui ne fait pas partie de leur formation initiale. Ensuite, sur le terrain, la création de réseaux et de partenariats avec les médecins n'est pas toujours facile à mettre en place. En effet, malgré les promesses des gouvernements les nouvelles attributions à la profession servent souvent à pallier le manque de médecins, plutôt que d'offrir aux femmes une possibilité accrue d'accessibilité à l'accompagnement et aux soins. Les injonctions d'obéissance aux sociétés savantes, et les recommandations à suivre les protocoles embrigadent malgré elle, la sage-femme dans un objectif de rentabilité des soins. En

---

11 https://unssf.org/wp/wp-content/uploads/2022/08/UNSSF-Propositions-Juillet-2022.pdf

exercice libéral la pression est forte, la sage-femme doit faire plus d'actes pour survivre. A l'hôpital la sage-femme doit faire plus d'actes à moindre frais pour l'institution.

La reconnaissance ne semble pas celle apportée par toujours plus de techniques, toujours plus de performance, de médicaments, de vaccins. La reconnaissance c'est le droit d'être rémunéré correctement pour un vrai travail humain d'accompagnement. Éducation à la santé, à l'alimentation, préparation à la parentalité, suivi post-natal, tout cela prend du temps. Le travail est colossal mais invisible. Rentabilité à court terme ne rime pas avec l'œuvre de la sage-femme qui est la seule profession médicale à se consacrer essentiellement à la physiologie, à la santé. Maintenir les femmes, le couple, les enfants en bonne santé, est-ce vraiment le but de nos dirigeants ?

Clara :

Finalement, depuis 30 ans, la profession n'a pas énormément progressé. Toujours très peu de maisons de naissances, par exemple. Les conditions de travail évoluent très lentement. Quand j'ai commencé à militer, il y a 20 ans, « *Une femme une sage-femme* » était déjà le slogan qui traînait. Les sages-femmes à l'hôpital bossent toujours dans des conditions très difficiles, elles sont très mal payées, c'est dur. L'exercice en libéral s'est répandu mais nos revenus augmentent très peu. La consultation gynéco a donné « du plus » aux sages-femmes, les échographies... le fric, quoi. Si tu fais sage-femme échographiste, sage-femme gynéco tu gagnes mieux ta vie que si tu fais des consultations de grossesse à 25 euros ! La messe est dite. On veut des actes techniques.

Thaïs :

Les mentalités changent. La formation a évolué. Mais les sages-femmes ont toujours « le cul entre deux chaises ». Notre combat est d'essayer de se positionner. Nous voulons faire reconnaître nos compétences médicales et donc nos responsabilités. En même temps, de nouvelles compétences nous sont attribuées sans qu'on nous demande vraiment notre avis. Pourtant nos qualifications sont suffisamment nombreuses. Nous pouvons nous occuper des femmes de façon très satisfaisante, en ayant toute notre place de sages-femmes qui n'est pas celle d'un médecin !

Nous sommes en train de perdre tout ce qui est du contact et de la clinique. Actuellement, la patiente arrive, on se jette sur son ventre pour faire une échographie, c'est tout juste si on lui parle, si on lui prend la H.U.[12]

A l'hôpital, actuellement, pour déterminer l'engagement[13], on fait une échographie, pour la variété[14], on fait une échographie. Les sages-femmes savent faire des échos, c'est bien ! Mais notre métier c'est d'abord d'être à l'écoute de la patiente. Elle doit dire ce qu'elle a. Peut-être effectivement, médicalement parlant, elle n'a rien. C'est possiblement une angoisse. Mais ce n'est pas avec une échographie qu'on va résoudre son problème. Les patientes ne sont pas considérées dans leur globalité.

---

12 H.U. La hauteur utérine est la distance qui sépare la symphyse pubienne du fond utérin, sa mesure fait partie de l'examen clinique de base de la femme enceinte et permet, entre autre, de contrôler la croissance fœtale.

13 Le terme engagement désigne le franchissement du détroit supérieur du bassin (orifice supérieur) par la partie du fœtus qui se présente à cet endroit. L'engagement est classiquement un diagnostic clinique.

14 Le terme de variété désigne la position de la présentation fœtale au niveau du détroit supérieur du bassin maternel. La détermination clinique de la variété est une clé essentielle de la conduite de l'accouchement.

Dans un film qui m'avait marqué, sorti en 1977, <u>La guerre des étoiles</u>, une femme accouche et la sage-femme est un robot. Ça m'a interpellée, je me suis dit : « Voilà ce que l'on va devenir ». C'était l'image de ce qu'il se passe actuellement : on ne fait plus confiance qu'à l'instrumentation. S'il n'y a plus d'humanité un robot peut te remplacer. Quoique, dans la guerre des étoiles, on retrouve beaucoup d'humanité avec les robots...

**Quand je suis auprès d'une patiente
je ne peux pas compter mon temps.**

Comme beaucoup de ses consœurs, Sarah a un parcours professionnel qui n'est pas ordinaire. Elle le dit « en zigzag ». C'est que ce métier de sage-femme, elle l'a vraiment choisi, c'est un métier de cœur :
Pourtant après ces années de travail pour arriver à acquérir compétences et expériences, Sarah a quitté le métier et prend, dans le soin, une autre direction. Ses raisons? le manque de considération et de rémunération. Dans les années 2020, le terrain sur lequel évolue la sage-femme est celui de la rentabilité. En exercice libéral, les honoraires d'une sage-femme ne permettent pas une rémunération juste. A moins de sacrifier les soins... ou « s'arranger » avec la facturation. En exercice libéral, il convient de faire des choix et certains conduisent à vivre comme une sous-prolétaire du monde médical.

Les premières valeurs enseignées par l'obstétrique (mais pas toujours par les enseignants, ni par la réalité des conditions de travail) sont le respect du temps et la patience. La sage-femme auprès d'une patiente ne peut pas minuter son acte, elle ne peut pas se dépêcher, ne peut pas rentabiliser. Pourtant c'est ce qu'on lui demande implicitement et parfois même explicitement, quel que soit son mode d'exercice. Pourtant c'est ce qu'on lui apprend en formation continue. Pour exemple ce médecin enseignant d'un D.E.S.U.[15] en gynécologie de prévention et contraception qui incite les sages-femmes à gagner de l'argent. « Vous, la corporation des sages-femmes, êtes vraiment lamentables : vos consultations devraient durer 10 minutes, vous ne pourrez jamais gagner de l'argent si vous perdez trop de temps avec vos patientes. »

Sarah *:*

J'ai été étudiante sage-femme entre 1992 et 1996, j'ai été diplômée en 96. Je trouve que ce sont des études difficiles, physiquement et moralement. Je crois que je ne suis pas la seule à le penser. Les étudiants ont beaucoup de pressions, notamment dans les services des hôpitaux. Parfois, nous étions proches du harcèlement moral. Il faut tenir bon, j'ai tenu bon et j'ai aimé ce métier.
J'ai arrêté le métier de sage-femme avant la crise Covid de fin 2019, parce que financièrement, je ne m'en sortais pas, ça a été le motif principal. Je ne faisais plus que du libéral et en libéral, je faisais des actes qui rapportaient peu, je prenais trop de temps avec les patientes. Je passais une heure et demie à chaque visite à domicile. Je le faisais avec beaucoup de plaisir. Il faut comprendre que l'accompagnement d'une maman qui revient de la maternité prend beaucoup de temps. Si tu travailles correctement, avec les honoraires de sage-femme, tu t'aperçois que tu ne peux pas gagner ta vie.[16]
En accompagnement post-natal j'examinais la maman, j'examinais le bébé puis je répondais aux questions ; je ne pouvais pas compter le temps. Pour les actes de suivi de

---

15 D.E.S.U. : Diplôme d'Études Supérieures Universitaires.
16 Actuellement la consultation d'une sage-femme est facturée 25 euros. En exercice libéral, on déduit de ce montant entre 50% et 80% de charges de fonctionnement du cabinet.

grossesse, j'étais incapable de faire une consultation en 20 minutes, c'était le double, voire plus. Comment faire quand on a tant de choses à expliquer, des questions à poser, un examen à faire, prescrire et expliquer la prescription ? Le temps passé, il me semble que c'est la base. Comment gagner sa vie dans ces conditions ?

J'ai tenu quelques années comme ça, malgré tout. Même si je gagnais peu, j'exerçais mon métier avec plaisir. Mais après un certain temps, j'ai ressenti de la rancœur, je ne sais pas si c'est un bon terme « la rancœur », en tous cas je ne le vivais pas bien. Comme si petit à petit, j'avais l'impression que je ne valais pas grand-chose, malgré ce travail qui pourtant me demandait de lui consacrer beaucoup de temps.

Le summum c'est quand je me rendais compte que j'avais des patientes qui exerçaient un métier sans responsabilité vitale qui gagnaient 4000 euros par mois, ou le mari d'une patiente qui travaillait de nuit, sa nuit s'arrêtait à 11 h du soir, et pareil, il gagnait 3 ou 4000 euros ! J'avais l'impression de me donner sans compter, répondre au téléphone du matin au soir, le week-end, me tenir disponible 24 h sur 24, pour au final, gagner grand maximum 800 euros net. J'ai fini par arrêter car il y avait trop de contraintes et de déceptions.

Certaines personnes m'ont beaucoup apporté. Ces rencontres, c'est ce qui me plaît le plus dans mon métier. Lors de chaque rencontre, pour chaque relation, je donne de moi et en retour je m'enrichis aussi beaucoup. Mais dans une société où l'habitude est de consommer tout et toujours plus, on est parfois déçu par la relation de soins. Parfois, j'ai eu des patientes avec lesquelles je me suis sentie utilisée, jetée, une fois qu'elles n'avaient plus besoin de moi. Je crois que ça m'a aidé à tourner la page. Fin de la « sage-femmerie ». Fin 2017.

On s'appelle « sage-femme » parce que les femmes sont sages

Devenir sage-femme est toujours une bataille. Quand on en sort, on n'est pas toujours indemne. Qu'en est-il de notre idéal, de notre éthique, de notre volonté de travailler à une naissance plus proche de l'humain ? La sage-femme doit se conformer, se couler, composer avec la doxa médicale.

La femme n'est pas au centre de sa maternité ; ce n'est pas la femme, le couple qui décide pour son enfant. Ce sont les autorités qui décident pour elle, et même si le libre consentement, le choix du patient et la liberté de décision sont mis en avant dans les discours officiels et dans les revendications syndicales, il n'en est rien sur le terrain. La sage-femme se confronte aux ordres des sociétés savantes ; la femme obéit au professionnel de santé « qui l'accouche ». L'informatisation à l'hôpital et dans les cabinets, censée faire « gagner du temps » au profit des patientes, est une source de stress, une contrainte et un moyen de contrôle. L'absence de possibilité d'une assurance professionnelle compromet la pratique de l'accouchement à domicile.

Ella est entrée dans sa vie de sage-femme avec beaucoup de courage, elle avait un idéal, pratiquer des accouchements à la maison car elle avait eu une expérience qui lui avait indiqué son chemin :

Ella :

Je suis d'origine étrangère et j'ai galéré pour pouvoir travailler en France. J'ai fait ma formation en France, mais à une époque où mon pays ne faisait pas encore partie de l'union européenne et n'était pas non plus une ex-colonie française. Je n'avais donc pas le droit de passer le concours d'entrée. Avec un statut d'étranger, je pouvais faire toutes mes études en France mais je ne pouvais pas avoir le diplôme à la fin. A l'époque, cette loi était surtout pensée pour les Africaines, pour qu'elles aient une bonne formation française, qu'elles retournent surtout chez elles et qu'elles ne puissent pas travailler en France, donc pas de diplôme à la fin. A la fin de mes études en France, mon pays était entré dans l'union européenne. J'ai eu mon enfant et avec mon tout petit qui avait 8 mois, j'ai repassé ma dernière année de formation dans mon pays, j'ai donc réussi à avoir un diplôme étranger mais avec une formation française.

Comme la France ne voulait pas reconnaître ma formation française et mon diplôme étranger, j'ai galéré quelques mois pour pouvoir travailler. Finalement, j'ai eu l'autorisation en 1999. J'ai commencé à travailler dans la le sud de la France. Mon grand souhait était d'accompagner des accouchements à domicile. La formation de base a été assez horrible pour moi. Avant d'être diplômée, j'avais fait un stage chez une sage-femme à Sarlat en Dordogne qui avait une Maison de Naissance. Là, j'ai vu ma première naissance. Je me suis dit que c'était ça que j'avais envie de faire. La formation m'a semblé difficile et en décalage par rapport à ce que j'avais envie de faire. Les accouchements à domicile, on n'en parlait absolument pas. C'était « des folles qui se croient encore au moyen-âge » qui faisaient « ça ». Mais j'avais dans mon entourage des femmes en avaient une expérience très positive ! Moi, j'étais attirée par ce respect de la naissance. J'ai eu la chance de pouvoir trouver tout de suite une sage-femme qui cherchait une collaboratrice. J'ai commencé à travailler avec elle en 1999. J'ai pratiqué des accouchements à domicile pendant 7 ans.

Puis j'ai réalisé que c'était un stress beaucoup trop grand.

Prendre la responsabilité, de la vie d'un enfant et de sa mère sur mes seules épaules n'est pas complètement juste ! Ce n'est pas en accord avec ma philosophie de vie qui se base sur la confiance. Mais la confiance n'est pas scientifique. Il n'y a pas d'assurance professionnelle, on est de garde 24h/24. Mon compagnon, père de mon enfant n'était pas content d'être de garde aussi quand moi je travaillais. C'était assez conflictuel, j'ai arrêté.

Par la suite, mon boulot a consisté à préparer les femmes pour qu'elles ne se laissent pas faire à l'hôpital, qu'elles soient vraiment actrices de la naissance de leur enfant. J'ai eu beaucoup de retours très positifs. C'était possible de travailler avec les maternités les plus proches. Le contact avec les sages-femmes était vraiment chouette. Leur partenariat était très agréable. Elles savaient quand les femmes venaient de ma part. Je les avais préparées, elles étaient contentes, c'étaient des femmes qui osaient dire ce dont elles ont besoin, qui savent se faire confiance. Les femmes accouchaient de préférence comme elles voulaient, même à quatre pattes ou debout.

Mon boulot consistait à encourager les femmes à ne pas se laisser prendre en charge et respecter la physiologie, reconnaître ce pouvoir et ce savoir qu'on a en nous. Ne pas croire que les sages-femmes ou les médecins savent mieux que les patientes ce qu'il faut faire. C'est ma conviction depuis très très longtemps. On s'appelle sage-femme parce ce sont des femmes sages qu'on accompagne! Ce n'est pas forcément nous qui avons le savoir. La femme qui accouche a beaucoup de savoir au fond d'elle, si elle est en contact avec elle-même, elle peut, elle sait. La sage-femme est là pour la rassurer, pour l'accompagner.

J'ai eu les dernières années beaucoup de mal avec la réalité du travail. Les recommandations nous poussent toujours plus à la surveillance et la non-confiance. Beaucoup d'examens se sont rajoutés. Le dépistage de la trisomie 21, pouvoir savoir le groupe sanguin avant la naissance, les échographies plus précises qui détectent plus de choses etc. L'impression que j'avais, que j'ai encore très fortement maintenant, c'est de trahir les bébés. Parce qu'en faisant cette surveillance on met les mères dans le doute. On ne soutient pas les femmes enceintes. Pour moi, c'était un vrai dilemme : comment est-ce que je peux continuer à accompagner les femmes en restant dans ce système et ce qu'il nous demande de faire ? Comment rester honnête avec les femmes ? Comment leur expliquer les examens proposés tout en laissant le choix et en même temps semer quand-même le doute ? « Est-ce que vous êtes sûre que votre bébé va bien ? Est-ce que vous voulez vraiment le garder même s'il y a quelque chose qui ne va pas ? » Je trouve que ce qu'on nous demande est assez horrible. Je vois le temps passer et toujours plus de surveillances, les recommandations se rajoutent et se rajoutent encore. La prétention de tout maîtriser n'est pas tenable, elle ne me convient pas. Encore une question, encore une possibilité de surveiller, de voir si *vraiment* tout va bien. Je me pose la question : est-ce que les enfants à naître sont acceptés comme ils sont ? Non, ils sont acceptés à condition que tout aille bien et qu'ils soient parfaits. Mais tout peut arriver, après la naissance aussi ! La santé n'est jamais acquise pour toujours !

Concernant le test de Guthrie,[17] par exemple. J'informais les parents et je leur lançais des perches : vous donnez votre accord pour faire un test qui recherche entre-autre la mucoviscidose. Vous donnez donc votre accord pour faire un test génétique à l'enfant. Mais la plupart du temps à la maternité, les parents ne sont même pas au courant qu'un test génétique est pratiqué. Ils ne peuvent même pas le récupérer. Quelles sont les conclusions à tirer ? Il y a donc des banques de données de tous les gènes de tous les êtres humains qui naissent depuis 25, 30 ans. Tout est fiché depuis si longtemps, pourquoi ? Où ? Comment ? Ça sert à quoi ? Les parents ne sont pas informés.

Ça fait longtemps que je ne suis pas en accord avec la manière dont on nous demande de travailler, de semer doute et peur ! Je ne sais pas comment faire pour arrêter ça, mais si je veux changer quelque chose il faut que je reste présente, dans le système d'aujourd'hui. Peut-être que non ?! J'avais déjà cette préoccupation et la crise du covid a été la cerise sur le gâteau. La crise montre à quel point ce système de santé est pourri, jusqu'à quel point tout est mensonge. On veut nous faire croire qu'on est dans le pouvoir de maîtriser des tas de choses qu'on ne maîtrise absolument pas. La science de la médecine est gangrenée par le pouvoir corrompu. Les pouvoirs nous font croire à leur bienveillance mais ils sont tout sauf bienfaisants vis-à-vis de la population. Finalement, je suis plutôt très contente d'être sortie de tout ça, mon savoir de

---

17 Le programme national de dépistage néonatal couvre l'ensemble du territoire français : métropole, départements et régions d'outre-mer (DROM). Le dépistage biologique concerne 6 maladies : la phénylcétonurie (PCU), l'hypothyroïdie congénitale (HC), l'hyperplasie congénitale des surrénales (HCS), la drépanocytose, la mucoviscidose et le déficit en Medium-Chain-Acyl-CoA Déshydrogénase(MCAD). L'ensemble de ces dépistages est réalisé sur six gouttes de sang prélevées au talon du nouveau-né lors de son séjour en maternité (Guthrie).

sage-femme de toute façon je le garde.

A moi de voir comment je peux travailler quand-même, pas en tant que sage-femme parce que je sais que je n'ai pas le droit actuellement et dans ce système je ne le ferai pas mais si une maman a un souci d'allaitement par exemple, je peux quand-même l'aider. J'ai de la chance parce que j'ai eu l'idée d'un projet en 2018. Cette idée est née dans la forêt ! J'ai arrêté de travailler pendant 40 jours : si je ne voulais pas tomber malade ou devenir dingue, me payer un burn-out comme beaucoup de personnes, il fallait que je fasse un break, et que je réfléchisse à la question « comment continuer mon travail » ?

Clara :

Mon métier de sage-femme a fait ma vie. J'ai exercé tout de suite en libéral comme jeune sage-femme, j'ai commencé à faire du domicile. Je me suis épanouie dans mon métier. J'ai beaucoup donné pour les femmes, je me suis formée. J'ai été appréciée donc j'avais beaucoup de retours positifs. J'ai vu plusieurs générations, de l'âge de 26 ans à 56 ans ! Là, en 2021, je sentais que ma mission, ce pour quoi j'étais sage-femme, atteignait un but, j'étais au bout de cette histoire.

J'aimais mon métier mais je travaillais trop, donc j'ai été fatiguée ces dernières années. Je n'étais pas en burn-out mais il a fallu que je réalise des choses : ma satisfaction professionnelle diminuait. Déjà, j'en avais marre de tout ce qui est informatique. Je ne travaillais pas sur un ordinateur, ça ne me convient pas, j'avais décidé d'utiliser encore les dossiers papiers. Je ne me servais pas du D.M.P. (dossier médical partagé) je ne m'y suis jamais mise. Tout ce qui était nouveauté informatique, par exemple la télétransmission, m'a pris beaucoup d'énergie. Quand ça marche, c'est bien, mais quand ça ne marche pas, ça devient vite compliqué pour moi, ça me pompe de la vitalité, je m'agace vite, je suis démunie. Mon métier comme je l'ai connu, avec la femme au centre, mon métier perdait de la valeur à cause de tout ça. Et encore dans mon cabinet, je me protégeais. Les patientes le remarquaient et me disaient : « Ah ! C'est bien chez vous ! Il n'y a pas d'ordinateur, il y a une table ronde, c'est bien ! ». Elles trouvaient qu'il y avait de la chaleur humaine. Je me suis beaucoup épanouie dans mon boulot.

Mais les cinq dernières années, j'avais envie d'aller vers autre chose. Je n'arrivais pas à franchir le pas, je n'arrivais pas à lâcher mon boulot. Je n'ai pas eu d'enfants, donc j'ai bossé presque non-stop. Je n'ai pas fait de grande pause, j'étais une machine à bosser. J'avais du temps pour les femmes, j'offrais du temps. Je faisais parfois 55 heures par semaine, surtout l'été. J'ai beaucoup travaillé. Des pères me disaient : « Mais votre mari ne dit rien ? ». Je leur répondais que mon mari aurait aimé parfois que je travaille moins tard. Il me connaît suffisamment pour comprendre ma façon de voir le métier. J'avais du mal à lâcher. Le Covid a été un accélérateur et une opportunité pour me dire : « J'arrête ». Et du jour où j'ai arrêté, mes soucis de santé se sont calmés. C'est un mal contre un bien, si on veut. Ça n'a pas été facile.

Thaïs :

Donc cela faisait quelque temps que je n'étais plus très bien. Je n'ai pas senti arriver ce qui s'est passé, pas du tout. Le constat était qu'il fallait être rentable. Si l'objectif est la rentabilité, c'est forcément au détriment des patientes. Surtout, un hôpital comme le nôtre avec sa population précaire. C'est ce qui me dérangeait déjà. Le changement s'est créé progressivement.

Les bâtiments dans lesquels nous travaillons sont vétustes, la maternité doit être refaite depuis des années, mais chaque année, l'argent qui nous est alloué passe à droite, à gauche. La maternité est toujours le parent pauvre de la médecine.

Les patientes qui arrivaient de leur petite maternité de niveau 1 ou 2, pleuraient en voyant leur chambre. On leur disait : « Faites une lettre à la direction, parce que nous, on n'arrive pas à obtenir ce qu'on veut ». Pour demander une réparation, il fallait faire trois millions de bons et la réponse était que de toutes façons, il n'y avait pas de crédit. Il est hors de question d'investir. Tant que ça tourne, on continue. Tant que ça fonctionne... Mais en même temps, la direction recherche quand-même à attirer la patientèle, donc des petites réparations sont faites ponctuellement. Ça n'empêche pas l'hôpital de partir à vau-l'eau.

Tous soignés pareil ?

Sarah :

En fait, le médecin n'est pas là pour écouter, j'en ai fait l'expérience en tant que patiente. Lors d'une consultation, quand j'ai voulu parler, le médecin m'a coupé la parole pour continuer son discours. C'est lui qui donne le rythme à la consultation, et pas de place pour autre chose. Le patient n'a visiblement rien à dire d'intéressant au médecin. Le soignant sait tout, le patient ne sait rien. Ça me choque depuis que je suis sage-femme, depuis très longtemps. Je me souviens au moment des transmissions dans le service, au moment de la relève des équipes, quand nous parlions des patientes, les unes après les autres. Il y avait toujours une sage-femme pour dire : « Elle, qu'est-ce qu'elle est stressée ! Elle fait tel métier, ce n'est pas étonnant ! ». Ces étiquettes sont choquantes. La patiente ne connaît peut-être rien à l'obstétrique, elle ne connaît peut-être rien dans le fait d'être mère mais elle sait sûrement énormément d'autres choses. Et quand j'entre dans sa chambre, je ne sais pas qui elle est, ce qu'elle sait. Pourquoi m'autoriserais-je à penser que je sais mieux qu'elle ?

Certains soignants ne conçoivent pas que, devant eux, ils ont une personne sensée, en capacité de comprendre et qui a surtout une réflexion, un avis, des émotions, une expérience, un vécu. Le soignant arrive, se met en position de toute puissance et dit : « Ce n'est pas comme ça qu'on fait, c'est comme ça » comme si la patiente ne savait rien, et était forcément incompétente. Cette posture paternaliste m'est insupportable, c'est pourtant celle qu'on nous a enseignée implicitement. Ce modèle est tellement ancré, qu' il n'est pas aisé d'en prendre conscience et de s'en défaire.

D'autre part, pour la prise en charge, j'avais découvert que les généralistes avaient des sortes de protocoles à suivre : tant de vaccins contre la grippe à faire donnant lieu à une indemnité si le quota est atteint. Pour la télétransmission, le praticien reçoit une aide s'il télétransmet suffisamment. Pour traiter les pathologies, des conduites à tenir et des indications de prescription sont recommandées. L'uniformisation dans le traitement des maladies se généralise et à un moment donné, on va te taper sur les doigts si tu ne traites pas la maladie comme on te dit de le faire. De même, il y a un nombre de jours d'arrêt maladie en fonction de la pathologie, ce n'est pas en fonction du patient et de ses conditions de vie.

Les médecins sont soumis à de plus en plus de contraintes. Peut-être qu'on les fabrique comme ça, ils n'ont plus le temps de discuter. Les jeunes médecins sont formés avec cette façon de voir la médecine. Ils ne sont pas formés à avoir le sens critique. Quand je travaillais en salle d'accouchement les gestes étaient déjà assez « protocolisés ». Dans certains établissements, l'ocytocine en systématique, la délivrance dirigée en systématique, la femme qui ne bouge plus, ça va de soi ! Dans l'établissement où je travaillais on a pu garder une façon de fonctionner un peu différente, avec APD ambulatoire[18], pas d'ocytocine systématique, pas de monitoring en continu. Cette liberté de travail qu'on a eue assez longtemps, disparaît peu à peu.

Ella :

Les témoignages des femmes me confirmaient que de longue date, quelque chose n'allait pas bien. Une maman me racontait après son accouchement : « Mon enfant pendant la grossesse n'était pas un enfant, c'était un rein ! Il y avait un problème au rein donc tous les mois il fallait faire une échographie, il fallait aller à Lyon (à 160km). Il n'était question que « des reins » et je réalise qu'il n' y avait que ça qui comptait et plus du tout mon enfant. » Cette mère regrettait le déroulement de sa grossesse même si j'avais essayé de l'amener un maximum vers son bébé. L'inquiétude était telle que ce n'était pas possible. Nous professionnels de la santé, nous n'avons pas le droit de faire ça. L'accompagnement humain des femmes

---

18 L'anesthésie péridurale (APD) ambulatoire, développée dans les années 1990, permet aux femmes d'être mobiles pendant le travail tout en soulageant les douleurs des contractions utérines

enceintes devient de plus en plus compliqué. La grossesse est un moment fragile de construction du corps d'un futur habitant de cette terre et le début d'une relation qui doit être basée sur la confiance ! Or, c'est le contraire que nous sommes en train de semer ! La peur et la méfiance envers nos enfants prennent le dessus et notre capacité d'être mère, et d'accompagner les êtres humains en devenir ne compte plus !

Sarah :

Tous ces hiatus que nous ressentons sont comme des pièces de puzzle qui s'emboîtent et qui me font réaliser qu'il y a quelque chose qui ne va pas. Ce sont des prises de conscience répétées qui me transforment et à un moment donné, il y a un point de non-retour où je me dis « je ne veux plus de ça ».

La Grenouille

Une grenouille nage tranquillement dans une marmite remplie d'eau froide. Le feu est allumé sous la marmite, l'eau chauffe doucement. Elle est bientôt tiède. La grenouille trouve cela plutôt agréable et elle continue à nager. La température continue de grimper. L'eau est maintenant chaude, c'est un peu plus que n'apprécie la grenouille, ça la fatigue un peu, mais elle ne s'affole pas pour autant. L'eau est cette fois vraiment chaude, la grenouille commence à trouver cela un peu désagréable, mais elle s'affaiblit, alors elle supporte et ne fait rien. La température continue à monter jusqu'au moment où la grenouille va tout simplement finir par cuire et mourir.

Où en sommes-nous ? L'acceptation de l'effondrement de notre système de soins avec lequel nous continuons à composer, dans lequel nous nageons en délaissant petit à petit nos valeurs, notre éthique, notre liberté, fait de nous des grenouilles d'eau tiède. Avons-nous conscience des changements lents et sournois qui finissent par nous endormir ? Jusqu'où allons-nous accepter ce qui nous est insidieusement imposé ?

Mais heureusement le Covid est arrivé ! Cette crise nous a plongés directement dans la marmite à 50° degrés ! S'il nous reste quelques forces, donnons le coup de patte adéquat et sortons de la marmite !

Mise en place d'une pandémie

Clara :

Je ne me doutais pas du tout de ce qui allait se passer. Pour le H1N1, j'ai eu des réticences, mais je n'avais rien vu venir. Au début du covid , j'ai écouté ce qu'on disait. Je respectais strictement le confinement. Certaines collègues travaillaient. Moi, je leur disais que si c'était contagieux, je ne voulais pas m'exposer. J'étais vraiment disciplinée. Parce que je me disais que si c'était comme le choléra, il ne fallait pas rigoler.

Sophie :

La prise de conscience a été progressive. Au début j'ai eu peur. En février 2020, j'ai été malade, j'ai eu une pneumopathie. On ne saura jamais ce que c'était d'ailleurs. J'ai appelé le SAMU, qui m'a dit : « Vous n'êtes pas allée en Italie, non ? Et bien prenez du Doliprane, Madame, et restez chez vous ». Je n'ai pas été testée à cette époque-là. Le médecin généraliste m'a soignée avec l'Azitromycine. Donc au moment du confinement, j'avais peur. J'y croyais à leur truc, je me disais que c'était une maladie qui allait décimer l'espèce humaine. Il ne fallait surtout pas l'attraper ! J'annulais tous mes rendez-vous patientes, j'avais peur pour elles, j'avais peur pour moi. Progressivement, j'ai entendu d'autres voix notamment celle de Louis Fouché qui disait simplement que le covid est une maladie qui se soigne. Je me suis rappelée avoir fait une formation sur la vitamine

D où j'étais tombée des nues. Tout le monde est carencé en vitamine D ?! Et là, les traitements précoces sont interdits ? Petit à petit, je suis allée chercher l'information.

Ella :

Je n'ai pas pressenti ce qui allait arriver, je suis quand même tombée de haut. Je me rappelle de H1N1. A l'époque, on commençait à parler de vacciner tout le monde. Mon fils était au collège et je lui avais dit : « Je te donne l'autorisation de t'enfuir si jamais ils veulent te vacciner, il est hors de question, tu fais le mur et tu ne te laisses pas vacciner ».
Mais je ne m'attendais pas à ce qu'il se passe aujourd'hui. Au moment du premier confinement, en tant que sage-femme, je circulais quand-même, j'avais ma carte professionnelle, je faisais des visites à domiciles. Les routes, la campagne étaient vides, il n'y avait personne. Je n'ai pas eu de mauvais souvenir personnel, mais je voyais des femmes enfermées dans leur maison avec leur tout-petit, dans une immense peur, avec l'impression que c'était la guerre dehors. Il ne fallait surtout pas sortir parce que c'était hyper dangereux. Le lavage de cerveaux avait fonctionné à fond, les gens avaient une peur impressionnante. Je ne comprenais pas trop, je me sentais privilégiée de pouvoir circuler.

Thaïs :

Ce qu'il s'est passé s'inscrit donc dans un mouvement général, c'est juste le bouquet final du feu d'artifice.
Au début du covid, le personnel se questionnait. A l'hôpital, on affole tout le monde, on nous fait bien peur. « C'est très grave ! ». J'ai vécu les événements en tant que

gestionnaire de soins et de personnel. Des réunions avaient lieu avec les médecins du CLIN[19], la médecine du travail. D'entrée, des formateurs RNBC[20] spécialisés dans les problèmes biochimiques, nucléaires, ont été sollicités. Ces gens qui se forment continuellement sont là dans les situations de guerre chimique, nucléaire, ils nous apprennent comment se protéger, que faire avec les patientes, le fonctionnement des isolements, le fonctionnement d'un service quand il y a une catastrophe quelle qu'elle soit. Un de ces formateur est devenu « spécialiste Covid », il nous a tout appris : comment utiliser les FFP2, comment s'habiller, comment organiser des isolements, etc. Des petites formations étaient donc répercutées auprès du personnel. Je leur faisais passer des vidéos pour apprendre à s'habiller, utiliser le matériel etc. Pour quel résultat ? Pour rien du tout ! Car après toutes ces formations, la hiérarchie nous dit que, finalement, l'obstétrique n'est pas un secteur à risques ! Ce n'est que l'ORL qui a priori, est concerné par les mesures, donc les anesthésistes et tous ceux qui travaillent en ORL. Après nous avoir asséné que l'épidémie était très dangereuse, nous, en obstétrique, nous n'avions soudain plus aucun risque, le service n'avait plus droit à rien. D'accord, on ne travaille pas dans la sphère ORL mais si vous avez déjà vu une femme qui accouche... Même si on n'est pas anesthésiste et qu'on n'intube pas, on est en face de la patiente... « Oui... Mais non, mais ce n'est pas pareil ». Voilà quelles étaient les réponses.

En tant que cadres, puisque on nous avait dit que c'était dangereux, on s'est battus, on voulait préserver le personnel. On a fini par obtenir... les masques FFP2 pour les accouchements...

---

19 Comité de Lutte contre les Infections Nosocomiales

20 Risque Nucléaire, Radiologique, Biochimique et Chimique

Dès cette époque, le malaise était présent à cause du décalage entre ce qui se disait et ce qu'on pouvait faire. On nous apprend toutes les mesures à observer, on se bat pour obtenir le nécessaire et finalement, le clan suprême dit que ce n'est pas la peine. Ces dissonances étaient flagrantes. On demandait au médecin de la médecine du travail de se positionner. Il répondait qu'un masque 2R finalement serait suffisant pour le personnel et pour les patientes.

Au début, on ne savait pas si le virus passait dans les liquides. Quand la question a été posée, on nous a répondu que ce n'était pas important ! Concernant le bloc césarienne, une bagarre de plusieurs mois a éclaté pour savoir s'il fallait mettre en pression positive ou en pression négative. Finalement, on n'a rien pu faire du tout parce que notre structure est très mal foutue. Un peu de neuf avait été fait avec du vieux, c'est ce qu'on appelle « la rénovation de l'hôpital » et ça a donné une grosse merde.

Puis s'est posée la question de l'organisation de la circulation des patientes. Aucun bloc autour ne voulait prendre nos patientes pour les césariser, alors qu'ils étaient beaucoup plus adéquats. Et pour le réveil, où mettre ces patientes ? On ne peut pas les mettre dans une zone ouverte, donc on les garde aussi, mais on n'a déjà pas assez de salles pour faire les accouchements ! Je perds une salle pour isoler celles qui sont positives ! Et la salle comment on la nettoie ? Combien de temps de ventilation ? Pression positive, pression négative ? De toute façon nos salles d'accouchements sont ventilées comme ma salle à manger !

Pour les césariennes tout le monde se bâchait de la tête aux pieds. Concernant le matériel, on en a eu, puis on n'en a plus eu, puis des sociétés privées nous ont fourni des

visières en plastique, qui nous ont bien aidées pour les accouchements. Évidemment, on est tombé en panne de gel hydro-alcoolique, en panne de masques. Pour les blouses, on a été un secteur privilégié parce qu'au départ on s'est bien battus pour ça, on a toujours eu des blouses et des sur-blouses. Aux urgences et dans d'autres hôpitaux alentours le personnel s'habillait de sacs poubelles plastiques. Régulièrement, le matériel manquait. A un moment donné, les masques étaient très rares. Ensuite, sont arrivés les masques chinois. Beaucoup de filles ont eu des problèmes allergiques : des œdèmes, des rushs cutanés, des problèmes oculaires. Il a fallu se battre pour avoir des masques français. J'ai fait remonter tout de suite à la médecine du travail qu'il y avait un souci avec les masques chinois. Chaque fois qu'il y avait un problème, je disais à la fille : « Va te déclarer à la médecine du travail ». Des analyses ont été faites mais quand on ne sait pas quoi chercher, c'est difficile de trouver quelque chose. Les produits chimiques ont été recherchés en premier et en gros, ce qui est revenu, c'est qu'il n'y avait pas de substance toxique. Il est ressorti de ces recherches que la fibre était très mal tissée, c'était comme si on respirait de la laine de verre. Que faire ? Nous n'avions que des masques chinois et des FFP2 de toutes façons ! Donc pour celles qui faisaient vraiment des allergies, il a fallu se battre encore, mais j'ai réussi à avoir des masques français que je distribuais au compte-goutte. On aurait pu donner des FFP2 mais ils coûtent très chers et il est impossible de les garder 12 heures d'affilée !
Depuis 2019 j'étais très en colère, alors quand le clash est arrivé, j'étais au delà de la colère ! Vraiment, on te prend pour un con. Avec les collègues sages-femmes, je disais : « Aujourd'hui c'est ça, mais demain ça va peut-être changer ! » On s'est toujours débrouillés pour que les

personnels aient du matériel, ça s'est finalement bien passé. On s'organise. Mais tout changeait tout le temps. Au début, les roues des chariots étaient passées sur des draps humides avant de rentrer au bloc, après il a été décidé que ce n'était plus la peine... Tous les jours il y avait quelque chose de nouveau qui était abandonné quelque temps après. Si on reste en perpétuel dialogue avec les équipes, alors ça se passe bien. Je leur disais « Voilà ce qu'on me répond ».

Au début, les équipes se posaient des questions, se demandaient comment le virus allait évoluer. La préoccupation était la contamination personnel-patient. Tout le monde a fait de son mieux, une entraide existait entre chaque membre du personnel et avec les patientes. Les test PCR sont rapidement arrivés, mais on avait très peu de chambres où on pouvait isoler. Des patientes qui auraient pu rester dans des petites maternités étaient envoyées chez nous car nous traitions. Les médecins étaient en contact avec l'I.H.U[21]. et nos patientes positives ont toutes été traitées. Les médecins trouvaient cela cohérent et ont toujours travaillé avec l'I.H.U. Certaines sont venues de leur propre initiative de leur ville parce qu'elles savaient qu'elles recevraient un traitement. Pendant cette période, on a commencé à mieux connaître la contamination, le personnel était encore reconnu. Mais les informations qu'on recevait continuaient à faire très peur. Quelques-unes parmi nous ont été menacées d'être exclues de leur quartier parce qu'elles travaillaient et venaient de l'hôpital. C'était la période du confinement, elles passaient donc pour être potentiellement contaminantes pour le reste de la population des immeubles. Tout ça a été passé sous silence ; il y en a qui se sont fait braquer les bagnoles, qui ont été agressées

---

21 I.H.U. Institut Hospitalo-Universitaire

parce qu'elles travaillaient à l'hôpital au sein des populations Covid.

Nous avons bénéficié de lits supplémentaires et d'un service Covid qui n'a jamais été vraiment surbooké. Les activités ont été réduites et les malades, je ne sais pas ce qu'ils sont devenus. « Va mourir chez toi, on ne soigne que les covid ». C'est à ce moment-là que quelques médecins se sont mis en colère, ils disaient que ça allait entraîner des catastrophes sur les cancers etc. Et ça, on n'en a pas parlé non plus, des retards de diagnostics, des patients qui sont arrivés trop tard... On a soigné les Covid. Pour les autres...

Quelques patientes sont allées en réa, au début de l'épidémie. La population présente énormément de facteurs de risque, des diabétiques, des femmes en surpoids avec des IMC ahurissants. Celles-là passaient quelques jours en réa. Parfois même la réa nous disait de les garder. Avec la fermeture des frontières, l'activité a vraiment chuté. Il a eu beaucoup d'accouchements à domicile : les femmes avaient peur de venir à l'hôpital, elles attendaient le dernier moment et beaucoup accouchaient à la maison. Il y a eu pas mal de grossesses non suivies.

Il n'y avait pas de péril dans les services. La maternité est un service très cyclique. La chute de l'activité a été telle que nous n'avons pas été dépassées par les demandes de lit. Parfois, en temps normal, on en arrive à fermer l'hôpital aux pompiers et au Samu quand il nous manque des salles d'accouchements ou des lits pour les accouchées et pour les grossesses à risques. Cette saturation a toujours existé, en fonction de l'activité qui est très aléatoire, très fluctuante. Mais on a toujours réussi à gérer.

Au début de la crise on a eu un manque de personnel

parce qu'on écartait tous ceux qui avaient des pathologies, ou ceux dont l'entourage (mari, enfants) avait une pathologie. Le personnel était mis en congé spécifique et retiré du service. Après il y a eu le problème des écoles. Il a fallu se battre parce que parfois des structures ne voulaient pas prendre des enfants des soignants. Certaines se sont mises en maladie parce qu'elles avaient peur, d'autres ont eu le Covid. Les conditions de travail induisent une grande promiscuité du personnel. Mais malgré toute la peur véhiculée, il y a eu très peu de cluster.

A l'hôpital, Sarah effectue son stage passerelle sage-femme/infirmière, nous sommes au début de la crise :

J'ai passé cette période en tant que stagiaire infirmière. Pendant le premier confinement, j'étais en cours de passerelle, donc à l'hôpital. A cette époque, c'était du stress d'aller travailler. C'était le début, on croyait donc que c'était un virus très méchant. Le matin, il n'y avait personne dans les rues. A cinq heures et demi du matin, on nous annonçait le nombre de morts à la radio : « Il y a 7 nouveaux morts ». Tous les jours, on y avait droit. J'arrivais dans le service, on en était tous au même stade, tous très stressés, tous, même les gens en place. Cependant, si à l'époque on ne savait pas encore que la « pandémie » n'était pas si grave, au bout de quelques semaines, l'ambiance s'est malgré tout détendue, la tension est retombée. On s'habitue, je pense, à beaucoup de choses. Face à une très mauvaise nouvelle, l'humain s'adapte de façon impressionnante.
L'ambiance était particulière et assez sympa. Un service avait été créé de toutes pièces qui accueillait toutes les chirurgies qui ne pouvaient pas être reportées à plus tard,

tous les gens en très mauvaise santé ou qui avaient des chirurgies lourdes. Un seul service a été créé avec la gynéco, l'orthopédie, la dermato, l'urologie, ce qui m'a permis de voir beaucoup de choses intéressantes. Les soignants étaient des gens qui devaient travailler ensemble alors qu'ils ne se connaissaient pas en temps normal. Ils étaient soit dans un service qui n'était pas le leur, soit avec des collègues inconnus. Ils étaient tous un peu comme moi, à devoir se découvrir, s'adapter et mon intégration a été rendue hyper facile. J'étais comme les autres. J'ai même apporté ma contribution, parce que, comme il y avait de la gynéco, j'étais la seule sage-femme à posséder un savoir concernant une cœlioscopie, une IVG etc. Donc, côté ambiance c'était moins lourd que ce que je ne craignais. J'avais fait un stage en novembre qui avait été assez terrible, il m'avait fallu redevenir « première année » ! Certains membres du personnel avaient bien compris que j'étais soignante depuis 25 ans mais d'autres me voyaient juste comme une première année et vérifiaient comment je tenais ma seringue pour faire un anticoagulant. Ce retour en arrière avait été un peu dur.

Durant cette période, on détachait des gens du service pour faire une information concernant les principes de base et les précautions face à ce virus, notamment quel masque utiliser, quelle tenue utiliser, etc. Plusieurs choses m'ont choquée. La première ce sont les gens qui ont été choisis pour faire ce travail. Il y avait une surveillante que j'avais à l'école d'infirmière qui n'était pas plus au point que n'importe qui d'autre. Mais d'un coup, elle était devenue « spécialiste en hygiène » et elle faisait partie de cette équipe qui passait de service en service.

Ensuite, le contenu de ces informations : quelqu'un nous a dit qu'il ne fallait absolument pas ramener nos tenues chez nous. « Quand vous rentrez chez vous, rien de l'hôpital ne doit y entrer ». Au départ, quand je rentrais chez moi, j'enlevais mes chaussures, je filais prendre une douche, cheveux compris, c'est seulement après que je disais bonjour à tout le monde. On ne savait pas à quel virus on avait affaire ! On nous fait donc tout un topo dans la salle de soins à propos des tenues. Je demande : « Je suis en stage, je n'ai pas droit aux tenues de l'hôpital, j'ai mes propres tenues. » Tout le monde s'est alors écrié que je ne devais surtout pas laver mes tenues chez moi, y compris cette infirmière qui faisait le topo. Je demande donc si elle peut prévoir de me fournir une tenue de l'hôpital. Elle se renseigne, et la réponse tombe : « Non, il n'y a pas de tenue pour vous ». Alors on fait comment ? Eh bien, finalement, tant pis. Pour moi, ce ne sera pas la peine, je peux ramener mes tenues de l'hôpital et les laver chez moi. Quand j'ai entendu ça, j'ai compris qu'on nous prenait vraiment pour des cons. Cette équipe est repassée deux-trois fois en six semaines. Les précautions qu'on devait prendre évoluaient dans le temps. « Utilisez un masque FFP2 ou un masque chirurgical, changez-le deux fois par jour ou moins ou plus, mettez tel tablier, telle sur-blouse dans telle situation ». Mais ces changements n'étaient pas dus à une meilleure connaissance du virus ! Ils dépendaient uniquement des stocks disponibles à l'hôpital ! J'ai réalisé à une petite dimension, juste dans le service, que le discours officiel s'adaptait aux moyens qu'on avait, pas à la logique, ni au réel. Après, force a été de constater que c'était comme ça partout, pour tout et pas seulement dans notre hôpital...

Sophie :

J'entends aux infos qu'un vaccin a été trouvé contre ce virus. J'étais surprise et dubitative, il y avait quelque chose d'illogique : on n'a jamais trouvé le vaccin contre le sida, et là, comment avait-on pu mettre au point un vaccin en si peu de temps ? Très vite cette injection a été proposée pour les soignants de plus de 50 ans. Je me suis dit que je devais donc y aller. J'ai reçu un texto de la CPTS, j'ai 50 ans, je suis soignante, je me mets sur la liste. Heureusement, on me téléphone un samedi pour me vacciner un lundi. Il fallait venir lundi impérativement, sans savoir à quelle heure. Le lundi, j'ai du boulot, non, je ne viendrai pas lundi. Heureusement ! Je ne devais déjà pas avoir très envie d'y aller. On m'a dit : « Débrouillez-vous, après ce sera difficile de prendre rendez-vous ! ». Je me rappelle être allée sur Doctolib, il y avait une place pour la première injection mais pas pour la deuxième. Finalement je n'ai pas pris de rendez-vous. C'était ma bonne étoile je crois ! Au tout début, j'étais entrée dans leur discours. Et puis, c'est après seulement que je suis allée chercher les infos. De nos jours, si tu n'as pas les infos c'est que, vraiment, tu ne veux pas les chercher. Si tu veux savoir, tu peux savoir.

« Je suis vacciné, et vous ? » ou la dégradation des liens humains professionnels, dérives totalitaires

Thaïs :

Arrive la vaccination et c'est là que ça a commencé à se dégrader. Au début, très doucement. Allaient se faire vacciner celles qui voulaient se faire vacciner. Certaines

étaient un peu suspicieuses vis à vis d'un produit qu'on met au point, comme ça, au bout de trois mois : « Ça y est on a trouvé le vaccin qui guérit tout et qui va tout sauver ». Qu'est-ce qu'il y a dans ton produit ? D'autres y sont allées franco, parce que convaincues du bienfait de la vaccination, elles ne se posaient pas de questions sur les effets secondaires. Au fur et à mesure, la propagande vaccinale s'est faite de plus en plus dure, avec un changement d'atmosphère au niveau des équipes. Autant en 2019 et 2020 tout le monde était hyper soudé et s'entraidait, car nous étions tous dans la même galère. Autant là, avec le vaccin qui est arrivé, avec celles qui ont dit « Non, je ne veux pas », avec le port du masque aussi, tout cela a contribué à une atmosphère lourde et pesante qui a débuté avant même l'obligation. Certaines se posaient vraiment des questions. Après ça n'a fait qu'empirer. Elles se sont interrogées parce que les médecins ont très bien adhéré aux « bienfaits » de la vaccination. On a dit à certains internes : « Attends pour te faire vacciner, il va y avoir les vacances, tu vas te retrouver seul, n'y va pas tout de suite parce que si tu es malade, il n'y aura plus d'interne. Et où on va en trouver ? ». La logique des choses... Ne te fais pas vacciner tout de suite parce qu'on a besoin de toi... Et effectivement, ils ont tous eu quelque chose après l'injection, pas des trucs énormes mais de quoi se mettre de côté. Il y en a qui ont eu le Covid !
Puis au staff, le matin, les questions déplacées ont commencé : « Alors vous vous êtes fait vacciner ? » « Ben, ça te regarde si je me suis fait vacciner? » Les tabous ont commencé à tomber. L'apothéose c'est quand le personnel se baladait avec le badge « *Je suis vacciné et vous* ? » Alors là je me suis demandé où on était !!! Où est-on ???

Concernant la vaccination des femmes enceintes, tout le monde a pensé que ça pouvait les empêcher d'avoir le covid.... Avec le nombre de morts qu'on a eu ! Aucun décès, chez nos patientes, pourtant, elles sont toutes en surpoids, elles ont toutes du diabète, de l'hypertension, puisque nous sommes un niveau 3, nous recevons toutes les pathologies de l'extérieur, toutes les cardiopathies, on aurait dû avoir une hécatombe ! Il n'y en a eu que quelques-unes qui sont passées en réa.

Et tout est à l'avenant. Le changement d'attitude commence à se préciser. Le personnel à se scinder, tout personnel confondu, secrétaires, A.S., A.S.H., les avis divergent. On a su qui n'était pas favorable à l'injection. Et en tant que cadre de service mon équipe est venue me voir. J'expliquais que c'est personnel mais qu'il faut faire un choix. J'ai donné les moyens de se renseigner. À la pause, c'est là que les gens parlent. On se rapproche des gens qui pensent comme soi. Avant l'obligation beaucoup refusaient la vaccination.

Au fur et à mesure, la pression augmentait, les mails arrivaient. En tant que cadre le nombre de mail reçus, c'est énorme ! Les cadres devaient diffuser des affiches, participer à la promotion de la vaccination des femmes enceintes.

Pour la vaccination des femmes enceintes il fallait que le médecin soit accompagné d'une sage-femme coordinatrice. Pourquoi ? Le médecin qui vaccine fait l'interrogatoire, pas besoin d'une petite main pour être à ses côtés ! J'ai refusé d'y aller, et on ne me l'a plus demandé. Je ne voulais pas participer à ça. J'avais devant moi une mère et son fœtus, et pas d'études démontrant l'innocuité de ces injections à ARNm.

Les sages-femmes qui ont résisté à la pression et qui sont restées sur leur position se comptent sur les doigts d'une main. Mais il faut considérer toutes celles qui ne le disent pas, qui sont contre mais pas ouvertement, toutes celles qui se sont faites vacciner par obligation. Celles qui ont eu le covid qui ont essayé de passer au travers mais qui finalement se sont résignées. Pour moi, ce n'est pas possible de faire une injection dont on ne connaît ni les tenants ni les aboutissants. Et là non, je suis désolée, je refuse. Je ne peux pas le faire, je ne juge pas celles qui y ont recours, chacun a son libre arbitre et doit faire son choix. J'arrive en fin de carrière, c'est « facile » pour moi. Pour celles qui sont en début ou milieu de carrière c'est beaucoup plus difficile. D'entrée, j'ai dit non, je ne le ferai pas. C'est pour cela que je ne me suis pas mise en maladie. Pourtant un profond mal-être était là : la gestion des services, le burn-out... J'ai dit non, non, non, il faut aller jusqu'au bout, on va voir jusqu'où ils vont aller. Même si j'y laisse des plumes, je l'assume.

La pression s'est accentuée, tout le personnel y compris les sages-femmes arborait son badge. Il y avait des discussions. Un jour, le nom de certaines filles a été surligné en jaune sur le planning, c'était les filles non vaccinées ! Là, les limites ont été dépassées. Où est le secret professionnel ? C'est quoi cette discrimination ? Voir son nom surligné sur un planning ?! On en arrive où ? La discrimination affichée comme ça ! Et certains cadres interpellaient le personnel directement pour lui demander son statut vaccinal. C'était carrément du harcèlement et de l'ingérence dans le dossier médical de l'agent.

Iris :

C'était une période difficile, que j'ai très mal vécue. Au mois de juillet, on sentait venir l'obligation vaccinale, l'incitation à se vacciner était de plus en plus évidente mais je n'étais pas encore ferme dans mes décisions. Je ne savais pas trop comment faire, je ne voulais pas me faire vacciner mais je n'en étais pas encore à envisager l'arrêt de mon activité. J'étais entre deux. Ce qui a fait pencher la balance, c'est la vaccination des femmes enceintes, j'ai dit jamais je ne la conseillerai, je ne veux pas mettre le doigt là-dedans. Pendant la période des congés, j'ai pu prendre du recul sur l'obligation vaccinale et j'ai pris la ferme décision de refuser l'injection quelles qu'en soient les conséquences... après 39 ans de « bons et loyaux services » !

Au départ nous étions bien une dizaine à avoir fait ce choix mais par la suite, elles ont toutes été contraintes d'accepter l'injection, par obligation pour continuer de travailler. L'une d'entre elles a attendu le dernier jour, la dernière minute, en espérant qu'il n'y aurait pas suspension au 15 septembre, que le gouvernement reviendrait sur sa décision. Je n'ai pas vu cette situation arriver, je pensais qu'on serait un peu plus à tenir le cap. Il y avait deux infirmières en maladie et contre la vaccination, qui ont repris en octobre, en se mettant à jour dans l'intervalle. Je les comprends, elles sont jeunes. C'est une décision plus facile à prendre en fin de carrière. J'étais seule avec une grande pression sur les épaules.

La direction s'est retrouvée avec une seule personne non vaccinée qui est cadre, cela n'a pas été bien vécu. Quand je suis revenue de vacances le directeur a essayé de me donner des arguments en faveur de la vaccination, comme si je n'avais pas bien compris ! Je l'ai rencontré deux fois, nos discussions n'ont pas mené à grand-chose. J'ai été suspendue le 15. J'aurais pu au moins être autorisée à finir la semaine, j'ai dû tout liquider et ce n'était pas facile. Je n'ai pas pu faire de transmission.

Les personnes de mon service connaissaient mon point de vue, elles l'ont toutes respecté, tant les sages-femmes, les psychologues, que l'encadrement, toutes les personnes qui m'entouraient. En revanche, pour les médecins, c'était l'incompréhension la plus totale. Dans le personnel, quelques-unes ont eu de l'hypertension après la vaccination, je ne l'ai pas su tout de suite, je l'ai su plus tard. Elles ne faisaient pas le lien, ou en tous cas, elles ne voulaient pas le faire. Il n'y a pas eu de problème majeur. Au niveau des patientes, dès que la campagne a commencé, il y a eu plus de fausses couches mais le lien n'était pas fait. En septembre, quand je me suis arrêtée, ça ne faisait pas longtemps qu'on vaccinait les patientes, cela s'est accentué après. Les anesthésistes par exemple étaient à fond pour la vaccination pour « éviter les formes graves ». Il y en a qui ont pris des gardes en dehors de notre établissement et qui revenaient en disant : « Il faut se faire vacciner, les formes graves c'est terrible ». Au lieu de se poser la question de savoir comment on en était arrivé à une forme grave, ça a toujours été : « Il faut se faire vacciner ». Il n'y avait aucune analyse. C'est par la suite, à l'automne, qu'on a commencé à parler davantage des effets secondaires.

Sarah :

Les médecins ont-ils oublié ? Ou alors ont-ils des œillères ? Je ne comprends pas. Ils sont les premiers à savoir qu'en médecine on découvre les choses petit à petit.
Avant l'obligation vaccinale, j'ai travaillé un mois en laboratoire, après j'ai bossé huit mois dans un foyer d'accueil pour personnes handicapées. Ensuite, j'ai

travaillé en crèche. On évoquait déjà le vaccin quand je travaillais dans le foyer mais c'était les balbutiements. Je me souviens avoir discuté avec une des généralistes qui venait faire des vacations dans le centre, je lui avais dit que ce produit qui a été élaboré en quelques mois me faisait peur. Elle m'a dit qu'elle aussi, elle était plutôt pour les vaccins en général mais que cette fois, elle était méfiante. J'ai appris quelques mois après qu'elle faisait vacciner tout le monde. Je ne comprends pas. Qu'est-ce-qu'il s'est passé, qu'est-ce qu'on leur a dit ? Est-ce qu'ils ont la tête dans le guidon et que dans ces cas-là, il vaut mieux ne pas penser ? C'est trop difficile de réfléchir, et ça remet trop de choses en question ?

Ella :

Les gens qui n'allaient pas bien étaient de plus en plus nombreux. Ils n'allaient pas bien psychiquement. Je n'ai pas eu de situation de covid grave. Aucune patiente n'a été gravement malade, les femmes qui l'ont eu, ça a passé sans aucun problème. Par contre, en mai-juin 2021, quand j'ai commencé à penser que l'injection génique deviendrait peut-être obligatoire pour les soignants, j'ai eu peur. J'avais peur non pas du covid mais peur d'être contrainte à me faire injecter ce produit génique et d'être obligée de « vacciner ». Je me suis dit que je refuserai, que je n'injecterai jamais un produit génique à personne et que en cas d'obligation, j'arrêterai tout. Je ne « vaccinerai » personne et je ne me ferai pas injecter. Quand effectivement, la nouvelle est tombée : « Obligation vaccinale pour les professionnels de santé », j'ai été tellement sidérée ! J'étais très en colère, j'ai pleuré. Mais quelle injustice ! J'avais besoin de crier, de pleurer. Je me suis dit que ce n'était pas possible, jusqu'où il est possible que cette imposture continue ? Que cette injection génique (pour laquelle Pfizer vient de prolonger la période d'essai clinique jusqu'à juin 2024) soit reconnue sûre et conseillée à tout le monde ? Tous ceux qui nous font gober des mensonges effarants n'ont aucun intérêt pour le bien de l'humanité. J'étais en état de choc.

La « suspension » un nouveau statut : « Les sans-droit »

La loi sur l'obligation vaccinale des soignants tombe le 5 août 2021. Elle plonge dans la détresse des milliers de personnes, dans un silence médiatique assourdissant. Des milliers de bannis dont on ne connaît pas le nombre exact encore aujourd'hui. Cela concerne les professions de santé et les professions connexes, le personnel hospitalier, salariés du public ou du privé, mais aussi les libéraux, les étudiants de santé qui ont mis fin à leurs études, le personnel en arrêt, en disponibilité, démissionnaire qui ont choisi de se reconvertir, les départs anticipés à la retraite. Les agents de la fonction publique ne peuvent prétendre à aucun avantage social, pas plus d'indemnités chômage que de R.S.A., pas de licenciement.

Un an plus tard, c'est la fin du passe vaccinal et la loi du 5 août 2021 a été réécrite.[22] Le Parlement adopte mardi 26 juillet 2022 un projet de loi maintenant provisoirement un dispositif de veille et de sécurité sanitaire en matière de lutte contre le Covid-19, qui met notamment fin le 1er août au « passe sanitaire », au port du masque et à la possibilité d'un couvre-feu. A compter du 1er août 2022, l'état d'urgence sanitaire est abrogé, pour un retour au droit commun. Le texte crée une procédure imposant la réintégration effective des personnels de santé suspendus car non

---

22 https://www.legifrance.gouv.fr/jorf/id/JORFTEXT000043909676
https://www.gouvernement.fr/actualite/covid-19-fin-du-pass-sanitaire-le-1er-aout-2022

vaccinés, « dès que la situation sanitaire ne justifierait plus de leur imposer une obligation vaccinale ».

Mais la porte entrouverte à la réintégration des personnels non vaccinés ne s'ouvre finalement pas. La Haute Autorité de Santé s'y oppose. Le ministre de la santé, François Braun déclare le 19 juillet 2022 que moins de 500 infirmières non-vaccinées étaient mises à l'écart du système de soin public en France et que leur réintégration ne résoudrait pas le problème ! Même entêtement le mardi 4 octobre 2022, où le Sénat débat sur les urgences hospitalières et les soins non programmés à la demande du groupe Les Républicains. La sénatrice LR Sylviane Noël interpelle Agnès Firmin Le Bodo, ministre déléguée auprès du ministre de la Santé et de la Prévention, chargée de l'Organisation territoriale et des Professions de santé, sur la nécessité de réintégrer les professionnels de santé suspendus depuis le 15 septembre 2021 suite à leur refus de recevoir la vaccination contre le Covid-19. Évoquant « un système de santé à l'agonie », elle fait valoir que « nous ne pouvons plus nous passer du moindre soignant » en vue de pallier la pénurie d'effectifs dans les hôpitaux. La réponse de la ministre Mme Firmin-Le Bodo, déléguée santé laisse sans voix :
« Je veux dire à celles et ceux qui pensent que c'est une réponse miracle pour répondre aux problèmes d'effectifs de l'hôpital, qu'ils se trompent ». Elle estime qu'il ne s'agit pas de milliers de soignants suspendus mais de « quelques centaines de personnes sur plus de 300 000 soignants ». Malgré le recul que nous avons aujourd'hui et la confirmation que nous avons de l'inefficacité des injections géniques, la ministre continue d'asséner que le personnel médical non-vacciné a « refusé de se protéger pour protéger les autres ». Elle ajoute : « Les avis du Conseil Scientifique et de la Haute Autorité de santé ont été rendus et ils sont favorables au maintien de l'obligation de vaccination contre la Covid-19 des personnels exerçant dans les établissements de

santé et médico-sociaux ». S'appuyant sur les avis très controversés de quelques scientifiques choisis, elle assure que le gouvernement a « toujours géré cette crise en se basant sur les recommandations des scientifiques et ce n'est pas aujourd'hui que cela va changer ».

Les collectifs de soignants, eux, estiment qu'ils sont aujourd'hui plusieurs milliers d'exclus, faute de vaccination. Il semble dès lors que les décisions prises actuellement et depuis le début de la fabrication pandémique sont intrinsèquement politiques. Après plus d'un an de campagne et d'obligation vaccinale, le recul est suffisant pour comprendre, face à l'échec complet des mesures que la volonté est autre que sanitaire. Nous assistons à une vaste farce, une triste tromperie. Des soignants triplement vaccinés positifs et symptomatiques sont contraints d'aller travailler, des soignants suspendus en bonne santé sont contraints de rester chez eux, sans ressources.

Pendant ce temps... les sages-femmes se sentent toujours maltraitées, les soignants manquent cruellement dans les CHU et les structures de soins. Les urgences ferment tout l'été 2022 de façon aléatoire en fonction du manque de soignants, certaines maternités n'accueillent plus les mamans.

2022... Les revendications des syndicats sont toujours les mêmes. En prévision des discussions de la rentrée à l'Assemblée Nationale sur le PLFSS 2023 (Projet de loi de Financement de la Sécurité Sociale) l'UNSSF se bat toujours pour faire, selon ses termes, « connaître et reconnaître les sages-femmes, profession de premier recours pour la périnatalité, la maternité, la gynécologie de prévention et la contraception ». L'UNSSF défend les sages-femmes et leurs valeurs communes : une médecine de proximité avec un parcours de santé simple pour les femmes, les couples et les familles, dans lequel la sage-femme peut occuper entièrement sa place dans la physiologie, la prévention et le premier recours. Le syndicat considère toujours la profession comme « malmenée et déconsidérée, au préjudice des femmes des familles et du budget de la sécurité sociale ». Et de poursuivre : « Alors que l'on ne cesse de dénoncer le développement de déserts médicaux, les sages-femmes libérales sont des professionnels de santé de premier recours, qui forment un maillage sur tout le territoire national, et permettent aux femmes de bénéficier d'un suivi de qualité.

Dans cette période de pénurie de professionnels de santé de tous types, il faut que chaque profession soit recentrée sur la spécificité de ses compétences et de ce qu'elle apporte en premier recours ». Discours attendu et sans surprise pour les sages-femmes de terrain qui connaissent bien la situation. Mais pas un mot sur celles qui depuis plus de 9 mois sont interdites d'exercer ! Silence total des organisations qui sont là, on pouvait le penser, pour défendre leurs adhérents. Pas une réaction, pas une réponse aux lettres envoyées par des sages-femmes laissées dans un complet abandon, sans salaire, sans minima social, sans pouvoir rechercher du travail ailleurs.

En juillet 2022, une cellule de crise constituée des organisations représentatives de la profession de sages-femmes et des étudiant·e·s sages-femmes, dans sa lettre ouverte revient sur les difficultés catastrophiques rencontrées depuis le début de la période estivale.

Voici la lettre :

Paris le 29 Juillet 2022,

Fermeture des maternités et crise du secteur de la santé périnatale

Monsieur le Président de la République,
Madame la Première Ministre,
Monsieur le Ministre de la Santé et de la Prévention,
Madame la Ministre déléguée chargée de l'Organisation
territoriale et des Professions de santé,

Nos organisations représentatives de la profession de sages-femmes et des étudiant.e.s sages-femmes, réunies en cellule de crise, vous alertent à nouveau au sujet de la crise sans précédent que traverse notre profession et le secteur de la santé périnatale.

En cette période estivale, sur les propos déclaratifs de personnels de 122 maternités répondantes, 40 % ont indiqué des fermetures partielles au mois de juin 2022. Six des 122 maternités répondantes ont déclaré des fermetures totales.

En Seine-Saint Denis, ce ne sont pas moins de 175 temps pleins, soit la moitié des effectifs nécessaires, qui font défaut. Ces derniers chiffres, communiqués le 1er juillet par l'Organisation Nationale Syndicale des Sages-Femmes (ONSSF) nous révèlent l'ampleur inédite de la pénurie de sages-femmes et ses conséquences dramatiques sur le fonctionnement des maternités et la santé des femmes.

En parallèle, les conditions de l'exercice libéral se dégradent fortement : 80 % des sages-femmes libérales ont indiqué des difficultés pour se faire remplacer cet été, conduisant 50% d'entre elles à modifier ou à raccourcir leurs congés.

Les conditions d'exercice dégradées pour l'ensemble des modes d'exercice – hospitalier, privé, libéral et territorial - entraînent une fuite professionnelle, source d'un manque d'effectifs déjà installé depuis quelques années.

Le Conseil National de l'Ordre des Sages-Femmes (CNOSF) a pu constater que les radiations de sages-femmes en âge d'exercer au premier semestre 2022 ont augmenté de plus de 112% comparativement au premier semestre 2021. D'autre part, l'Ordre décompte 3 870 sages-femmes en âge d'exercer qui n'ont pas d'activité. Or, notre système de santé a besoin des sages-femmes, une profession malheureusement encore trop méconnue et négligée par les pouvoirs publics.

Il est regrettable que le rapport de la mission Flash de juin 2022 portant sur « les urgences et les soins non programmés » ne prenne pas en compte les services hospitaliers de gynécologie-obstétrique à l'instar des autres secteurs d'urgence.

Nous constatons une perte de sens de l'exercice, faute de pouvoir assurer nos missions et répondre convenablement aux attentes des femmes et des couples. Notre modèle périnatal est à la fois déshumanisant et archaïque. La dégradation des indicateurs de périnatalité est le symbole de l'absence d'une réelle politique périnatale. Aujourd'hui le nombre insuffisant de personnel dans les maternités et le manque de temps compromettent un accompagnement adapté et est source de violence et de souffrance pour les femmes mais aussi pour les soignant.e.s souvent épuisé.e.s.

Cependant, ce constat critique n'a reçu aucune réponse forte de la part des autorités. En effet, si des mesures de santé publique (accès direct au spécialiste, I.V.G. instrumentales) et de revalorisation de la profession ont été apportées à la suite d'un mouvement social d'ampleur et du Ségur, les pouvoirs publics n'ont pas pris les mesures fondamentales (effectifs, statut) les plus à même d'endiguer la crise profonde de la santé périnatale.

Les autorités doivent prendre leurs responsabilités : les professionnels de santé ne peuvent être tenus responsables de la situation actuelle.

Aujourd'hui, leurs limites physiques, psychiques et humaines sont atteintes. Nos instances, à travers notamment la co-construction d'un Livre Blanc en 2022 de la profession sage-femme, disponible en ligne souhaitent apporter des solutions pour le long terme et maintenir un dialogue constructif. Dès lors, nous vous proposons de nous rencontrer au plus vite, afin d'échanger pour repenser ensemble le modèle périnatal ainsi que le fonctionnement de nos maternités, sortir de cette crise dramatique et faire enfin de la santé des femmes et des sages-femmes une priorité.

Nous vous prions d'agréer, Monsieur le Président, Mesdames et Monsieur les Ministres, l'assurance de notre considération respectueuse.

Suspendus... au-dessus du vide

Thaïs :

Avant le 15 septembre, j'ai été convoquée pour un entretien avec le directeur de l'hôpital. Le directeur me demande si je connais les raisons de sa convocation, et me dit qu'il y est obligé. La sage-femme coordinatrice est présente. J'explique pourquoi je ne veux pas me soumettre à l'obligation : ce n'est pas un vaccin, on ne connaît pas les tenants et aboutissants des effets de cette injection, il y a trop peu de recul. On me répond que le vaccin peut m'éviter d'aller en réa mais je rétorque : « Oui peut-être... ou peut-être pas. Peut-être avec l'injection on y va plus vite aussi ».
Autour de moi, j'ai vu de gros problèmes. Un enfant que j'ai mis au monde il y a 20 ans est dans le coma. Cinq jours après la première dose : plusieurs arrêts cardiaques entre le moment où le Samu l'a pris en charge et son arrivée aux urgences. Thrombus, convulsions, c'est une catastrophe.
On m'a demandé de réfléchir pendant les quelques jours qui me restaient. Ensuite, tentative de me faire peur :

« Comment vous allez faire sans salaire, vous allez être payée en intégralité en septembre mais il va falloir rembourser la moitié du mois... ».

Je suis en fin de carrière et avant l'obligation vaccinale, j'avais fait ma demande de mise à la retraite anticipée parce qu'on en était arrivé à un tel niveau que je n'en pouvais plus. J'étais arrivée à saturation et j'ai été soulagée quand j'ai fait partir ma demande.

Une cadre d'un autre secteur s'est trouvée dans une situation plus difficile encore que la mienne, il lui reste encore 6 ans à travailler. Elle a été harcelée et maltraitée par ses supérieurs. Moi, je ne peux pas dire que j'ai été maltraitée. La médecine du travail s'est faite complètement absente, alors qu'elle aurait dû m'appeler, discuter avec moi.

Donc ce 15 septembre, quand je suis allée récupérer ma lettre de suspension, l'atmosphère au sein du service était emplie de colère de tristesse, émotions d'une extrême violence. Sentiments exprimés, même par celles qui étaient allées spontanément se faire injecter.

Certaines n'ont même pas pu me dire au revoir, tellement elles étaient submergées par leurs émotions. Non pas seulement envers moi mais pour elles aussi car si elles se sont fait injecter c'est sous la contrainte. Ma plus grande douleur c'est d'avoir vu tous ces agents de toutes catégories professionnelles qui se sont fait injecter de force.

Je vis avec la peur

Sophie se remémore les débuts de l'obligation vaccinale en septembre 2021. Elle compose avec la situation, elle continue à travailler dans son cabinet :

Finalement, je me dis qu'on oublie. J'oublie la violence du début. Aujourd'hui, je me dis que j'ai été drôlement frustrée en septembre quand on nous a interdit d'exercer. Mais aujourd'hui, pour en parler, je suis obligée de me remettre, de me replonger dans l'état dans lequel j'étais. C'est passé. Presque, je m'y suis faite. Tu n'as pas le droit de travailler, bon, tu n'as pas le droit de travailler. On s'habitue à la maltraitance. Parce que sur le coup, je me rappelle avoir dit, même à mes patientes : « Vous vous rendez compte ? On m'interdit de travailler alors que je n'ai rien fait de mal ».

On m'aurait interdit de travailler parce que je travaille mal, si j'avais fait des choses illégales, si j'avais escroqué du monde, si j'avais arnaqué la sécurité sociale, si j'avais fait payer des actes que je n'ai pas faits, si j'avais fait des actes que je n'ai pas le droit de faire parce que je n'aurais pas été formée...j'aurais pu tout imaginer. Mais là, la loi me dit : « Vous n'avez pas le droit de travailler » alors que je n'ai rien à me reprocher. Ça fait plus de vingt ans que je travaille et soudain : « Merci, au-revoir ». Je n'étais vraiment pas bien à ce moment-là, en septembre 2021! Après, on s'y fait.

Je pense que j'ai peur, mais on s'habitue. Je vis avec la peur. C'est seulement avec le recul que je m'en rends compte. Je suis sans arrêt sur mon téléphone alors que c'est bien un objet que je déteste au plus haut point. Je dois y passer 15 heures par jour ! Dès que je peux, je regarde. Je cherche, je cherche des bonnes nouvelles, je cherche des informations, je fais défiler, et sur les réseaux sociaux je vois que l'A.R.S. a envoyé des courriers aux professionnels non vaccinés, alors peut-être je vais en recevoir un ?

Non, tout ça, je n'aurais pas pu l'imaginer. Tout était inimaginable. Si, encore une fois, on fait l'effort de se remettre dans la situation, il y a trois, quatre ans en arrière, non, rien n'était pensable. Pour moi, non. C'est l'interdiction de travailler qui est inconcevable, c'est ça qui est choquant. Je pense qu'il a fallu un temps pour que je réalise. Et d'ailleurs, entre le 15 septembre et le 22 septembre, c'est peut-être ce temps-là qu'il m'a fallu pour réaliser : « Tu ne peux plus travailler, tu ne peux plus travailler, tu ne peux plus travailler ». Je ne dirai pas « tous les matins en me réveillant » puisque maintenant je ne dors plus...

Après le test antigénique positif[23], j'ai passé dix jours à la maison complètement terrorisée. Là, c'était terrible. J'avais peur. Quand l'employée de la sécurité sociale m'a proposé une infirmière, j'ai bafouillé que non, je n'en avais pas besoin. Mais après, je me suis fait des films, je pensais qu'on allait quand-même m'envoyer quelqu'un qui allait arriver à la maison à l'improviste. J'avais dit que j'étais isolée mais je ne le suis pas, j'ai un mari et des enfants ! Un jour, d'ailleurs, pendant cette période, on sonne à la porte, j'ai eu peur, je suis allée me cacher dans la chambre. Après, on en a ri. Mais, en prenant du recul, on se demande vraiment ce qu'on est en train de vivre ?! Qu'est-ce-qu'on vit ? C'est un mauvais scénario de film qu'on n'aurait pas pu imaginer.

Un très mauvais film !

Claire :

J'ai été la seule sage-femme suspendue dans le service, avec une auxiliaire de puériculture et une secrétaire. On est 15 sages-femmes, au départ il y en avait huit qui ne

---

23 Un test antigénique positif donnait droit à l'époque de travailler pendant 6 mois.

voulaient pas se faire vacciner, donc bien la moitié. Beaucoup de collègues sont allées se faire vacciner en pleurant. Ce que personne ne voit, ce sont tous ceux qui se sont fait vacciner par obligation, ils n'apparaissent nulle part. Le début de l'obligation a été une période vraiment lourde et compliquée. Certaines avaient décidé de se faire vacciner parce que ça les rassurait. Elle se sont quand-même senties en difficulté, parce que, ne sachant pas combien de personnes allaient être suspendues, elles se demandaient ce qu'on allait leur demander de faire comme gardes, elles se sont senties plus sollicitées, stressées. Stressées aussi de voir comment les autres étaient traitées, elles étaient dans un conflit de loyauté. Beaucoup ont pris sur elles, deux sont maintenant en burn-out. Devant la violence faite aux soignants, certaines ont fini par s'arrêter car psychiquement elles n'en pouvaient plus, elles ont vu comment nous avons été traitées et elles se rendent compte que, si autre chose se passe, ce sera pareil.

Plus de la moitié de mes collègues ont donc eu des heures supplémentaires à faire parce que mes gardes n'étaient plus assurées. Certaines m'ont reversé spontanément de l'argent malgré mon refus, sur ce qu'elles avaient gagné pendant leurs heures supplémentaires. Chacune a contribué un petit peu. Je pense qu'il n'y a pas eu beaucoup d'endroits où ça a pu se faire. Certaines m'ont dit qu'elles auraient aimé pouvoir aller jusqu'à la suspension mais que comme elles ne pouvaient pas soit pour des raisons personnelles soit pour des raisons professionnelles, c'était une façon pour elles de montrer leur désapprobation. Parmi celles qui ont participé à cette cagnotte (en me donnant un petit peu), il y avait aussi des filles qui étaient favorables à la vaccination. J'ai eu beaucoup de chance. Je me suis sentie soutenue et reconnue en tant que collègue et professionnelle.

Un collectif s'est créé avec certaines personnes suspendues de l'hôpital et avec d'autres d'un hôpital de niveau II. Nous avons fait une démarche en justice avec une avocate . Dans ce collectif beaucoup de soignants non vaccinés étaient en arrêt maladie. Le directeur de l'hôpital de niveau II a été très dur, il a suspendu tout le monde même ceux qui étaient en maladie antérieurement, il a suspendu leur salaire. Même après un retour du tribunal, alors que les soignants avaient obtenu gain de cause, il a fait appel. Pour les autres, ceux qui n'étaient pas en arrêt comme moi, rien n'a été obtenu pour l'instant.

J'ai eu envie de faire une démarche pour aller jusqu'au bout, car la situation des suspendus est illégale au regard du droit du travail. Je ne pense pas forcément avoir gain de cause mais c'est important d'aller jusqu'au bout.

Il y a eu des choses difficiles. On a fait quelques manifestations. Le maire de la ville est terrible : dès qu'il y avait une manifestation, il publiait un arrêté pour l'interdire y compris devant l'hôpital. Toute la rue de l'hôpital a été fermée avec des barrières. Si un piéton voulait passer, on lui demandait où il allait, on l'accompagnait jusqu'à l'hôpital. Lors des manifestations, on a été confrontés aux forces de l'ordre, les policiers étaient parfois plus nombreux que nous ! Là, on se sent mal, on a l'impression d'être hors la loi. Être en dehors de la loi, c'est le plus difficile à accepter quand on n'a rien fait et qu'on est maltraité du jour au lendemain. Soudain, on n'est plus rien. Le badge pour entrer à l'hôpital a été désactivé, les forces de l'ordre nous empêchaient de rentrer sur notre lieu de travail parce qu'on n'avait pas de pass. On a l'impression d'être en dehors d'une société où on était bien inséré jusqu'alors. L'identité professionnelle disparaît, et l'identité de vie aussi ! C'est dur. Ça a été trop loin. Les gens ne se rendent pas compte, ils ne savent pas. C'est vraiment une expérience particulière à vivre que j'ai trouvée très violente.

Traquée, on ne sait pas par qui, on ne sait pas comment, ni vraiment pourquoi. La sentence plane.

Sophie :

Parfois, je passe devant ma boîte aux lettres et je me dis : « Non là, je n'ai pas le courage ». C'est donc bien que j'ai peur ! Je remarque que j'ai des attitudes que je n'avais pas auparavant. Le téléphone sonne, je regarde le numéro qui s'affiche : « Qu'est-ce que c'est ça ? ». D'ailleurs, je ne réponds plus. Je me dis que les patientes me laisseront un message. Parce que, oui, je vis avec une appréhension. Je ne sais même pas qui peut m'appeler. Quelle tournure ça peut prendre ? Si ça peut être un coup de fil de Monsieur ou Madame Jesaispasqui de l'A.R.S. ?[24] Ce qui me rassure en même temps, c'est que pour qu'ils viennent frapper à ma porte, ils auraient du bol que le portail soit ouvert, qu'en bas ils aient les codes, qu'ils arrivent à monter. Mais ça peut arriver. Des patientes sont arrivées ici facilement parce qu'il y a de gentils voisins qui les ont accompagnées. Alors pourquoi pas ? Quelqu'un se présente et dit qu'il cherche la sage-femme : « Mais je vous en prie, c'est par là ».
Au début, travaillant malgré l'interdiction, je me suis dit que j'allais devenir parano et phobique. Je suis toujours dans cet état là, mais il faut que je prenne du recul pour m'en rendre compte. Je suis tellement immergée dans la situation que c'est devenu « normal ». Ce n'est pas que

---

24 l'A.R.S a menacé les professionnels de santé de passer au cabinet faire des contrôles « sur site ».

nous ne sommes plus dans cet état de peur, c'est que nous ne nous en rendons plus compte ! Si j'observe certaines de mes attitudes je me dis : « Ah oui quand-même, moi, en fait, j'ai peur ». On a peur mais on est obligé de vivre avec. Je pense beaucoup aux Juifs qui étaient dans les camps, je me dis : « Mon Dieu, mais qu'est-ce qu'ils pouvaient avoir dans la tête ? Qu'est-ce qu'ils pouvaient se dire ? Est-ce qu'ils avaient encore l'espoir pour dire « Non, mais c'est bon, ça va s'arrêter ». Est-ce qu'ils se disaient : « C'est foutu, je vais prier parce qu'il ne me reste plus que ça ». Se dire que, à un moment donné, nous ressentons un peu ce même désespoir. Jusqu'où ça va aller ?

Clara :

Quand on a commencé à nous dire que le personnel soignant devait être vacciné, je me suis dit que j'allais laisser venir. Je n'ai pas couru au vaccinodrôme ! Cet été 2021, j'avais justement décidé de prendre 3 mois de vacances, c'était exceptionnel. Finalement, je suis partie en juin et juillet et j'ai repris plus tôt, en août du fait des conditions. J'avais énormément bossé avril et mai pour équilibrer financièrement. Mon cabinet est installé dans une maison médicale, j'avais des prêts très conséquents. Je m'étais dit que j'avais besoin de cette pause et que je reprendrais en septembre, sûrement différemment. Trois mois de pause me permettraient de voir ce que ça veut dire de « ne pas bosser ». Vivre, apprendre à vivre autrement.
Entre mon boulot, mes formations, j'avais du mal à trouver du plaisir à ne pas travailler ! C'est après l'été quand j'ai réalisé la catastrophe de l'obligation vaccinale que j'ai décidé que je n'allais pas me faire vacciner. J'étais

motivée pour ma santé. J'en ai accepté les conséquences, ça n'a pas été un chemin facile. J'étais mal. En septembre, je suis partie faire les vendanges chez une amie pour me ressourcer. Je me suis demandée si j'allais continuer à travailler malgré l'interdiction comme certaines de mes collègues, malgré les menaces de l'A.R.S. Mais honnêtement je n'avais pas le courage de lutter et d'aller dans l'opposition frontale. Donc j'ai décidé de m'arrêter le 15 septembre avec l'espoir que cela ne durerait pas.

Je ne pouvais donc plus consulter dans la maison médicale où se trouve mon cabinet parce qu'il faut être vacciné.

En octobre ou novembre, quand j'ai fait une ou deux consultations en gynécologie, j'ai fermé mon cabinet à clé. Je travaillais les volets fermés, j'avais peur d'être dénoncée. Personne ne se serait douté qu'il y avait quelqu'un dans le cabinet. J'ai travaillé dans la peur. Je donnais mes rendez-vous le soir, à 18 h ou la nuit quand il y a moins d'activité. Je n'allais pas travailler à 11 h du matin quand il y a énormément de passage, quand la secrétaire des médecins voit toutes mes entrées et mes sorties. C'était forcément l'après-midi parce qu'elle ne travaille pas.

«Ce que je retiendrai de ce jour-là, c'est la souffrance des autres, de celles qui se sont fait vacciner pour travailler »

Thaïs :

Arrive le 15, la cadre supérieure m'a envoyée à la direction pour retirer ma lettre de suspension. Je me dirigeais vers le bureau de la directrice de l'hôpital, quand je suis arrivée devant le secrétariat, il y avait déjà mon amie la cadre infirmière. La directrice de l'hôpital était profondément attristée de nous remettre cette lettre de suspension.

Nous sommes revenues toutes les deux avec notre lettre et quand l'assistante sociale, avec qui on travaille beaucoup, nous a vues, elle s'est mise à pleurer, ce n'était pas tolérable pour elle… Elle ne comprenait pas comment c'était possible ! Cette suspension nous plonge complètement dans l'inhumain. Elle s'est jetée dans nos bras.

Une secrétaire qui n'avait pas voulu se faire vacciner s'est retournée, elle n'a pas pu nous parler. Elle n'a pas pu supporter de nous voir avec notre lettre. Ce que je retiendrai de ce jour-là, c'est la souffrance des autres, de celles qui se sont fait vacciner pour travailler.

Du jour au lendemain, il faut se débarrasser de tout, vider son ordinateur, essayer de passer les consignes à la collègue, celle qui va peut-être prendre le relais. On laisse un maximum de choses en très peu de temps, il faut vider le bureau. A ce moment-là, quelques personnes se dévoilent. Par exemple, une IADE pro-vaccins mais qui sur le principe était totalement opposée aux suspensions, ou des filles qui ont envoyé des textos de soutien. Ce qui ressort de ce moment, c'est la souffrance de toutes ces filles qui sont restées sur le carreau, qui ont été obligées de se vacciner contre leur gré.

Libération ?

Ella :

Je voulais me radier du conseil de l'Ordre, il fallait que je le fasse avant le 31 décembre, pour ne pas payer une année de cotisation de plus. J'avais vraiment du mal à me décider. Quelles allaient en être les conséquences ? J'avais tellement lutté pour être sage-femme ! Me radier moi-même de la profession, c'était impensable.
Je n'ai jamais eu de lettre de l'A.R.S. Je l'attendais chaque jour quand j'allais vider ma boîte aux lettres. Mais je ne l'ai jamais reçue. Ils m'ont oubliée. Le 31 décembre au matin, je fais une petite méditation pour essayer de ressentir « si je dis oui, je me raye du tableau, je ressens quoi ? ». Dire oui c'était aller vers la confiance. La vie ne se maîtrise pas, j'accepte d'aller vers l'ouverture vers le futur, de lâcher. Si je dis non, je reste sage-femme mais je reste aussi dans la peur. J'accepte de ne pas travailler comme je veux, de rester toute petite, de ne pas oser prendre ma place. C'est aussi tout fermer et laisser la peur dominer. Non, je ne veux pas rester dans la peur.
Je me suis radiée, j'ai beaucoup pleuré. Puis je me suis dit « Ça y est je ne suis plus sage-femme ! ». Quand on dit « Je suis sage-femme » on a la reconnaissance des gens, mais je n'ai plus le droit de le dire. Maintenant, je suis « ex sage-femme », je suis une sage-femme libre, ce n'est pas grave, le statut officiel je m'en fous un peu. Je fais un pas vers qui je suis au fond de moi. Être sage-femme est un métier, certes magnifique, mais ce n'est pas moi.

« Souviens- toi de qui tu es ! ». C'est ce chemin-là qui s'ouvre devant moi.

J'ai senti que j'étais libérée, ma parole s'est libérée : pouvoir dire ce que je sens vraiment, ce que j'ai besoin de dire. Ces dernières années j'avertissais parfois les femmes que je parlais en mon nom. Nous n'avons pas le droit de dire certaines choses importantes en tant que sage-femme. A l'automne, le Conseil de l'Ordre a demandé à ses membres de faire de la délation : il fallait dénoncer les collègues qui refusent l'obligation et qui ne conseillent pas aux femmes enceintes de se vacciner. Ça va vraiment trop loin. L'Ordre nous oblige à conseiller la vaccination à toutes les femmes !! Comment tu peux faire ça ? Des patientes qui venaient me voir pour une préparation à la naissance mais dont le suivi médical était assuré par une collègue me disaient parfois : « la sage-femme qui me suit m'a dit que, de toutes façons, il faut que je me fasse vacciner, qu'il n'y a aucun risque, ça ne passe pas la barrière placentaire ». Sur quoi s'appuie-t-on pour affirmer ça ? Où sont les études qui démontrent l'innocuité de cette injection ? On ne peut absolument pas certifier ça. Faire confiance aveuglement aux injonctions de la « science », pour moi c'est terminé. Pourtant, je viens d'une famille de scientifiques. La science, oui, c'est important, mais aujourd'hui c'est le fric qui la gouverne et la malhonnêteté qui prime. L'idée honorable n'est plus d'aider l'être humain à vivre le mieux possible sur cette belle planète, l'idée du pouvoir, de la toute-puissance a pris le dessus !

Répercussions

Clara :

Après mon break quand j'ai repris mi-septembre 2021, les femmes disaient : « Mais non il ne faut pas que vous arrêtiez ! ». Deux patientes m'ont un peu agressée quand nous nous sommes rencontrées, elles m'ont dit qu'elles ne comprenaient pas : « C'est égoïste, avec tout le temps que tu donnes pour les femmes et là, tu nous lâches, tu ne te rends pas compte ! ». Je lui ai répondu que c'était personnel, que des soucis de santé avaient contribué à mon choix. Je me suis dit qu'il fallait patienter. Il faut de l'endurance et je le dis maintenant sans pleurs mais j'ai été impactée et triste.

Sophie :

La majorité de mes patientes me demandent conseil, elles sont terrorisées. Mais le Conseil de l'Ordre a menacé les sages-femmes qui refusent de pousser à la vaccination et de divulguer la doxa pseudo scientifique de poursuites pénales.[25]
Donc je leur dis : « Attention je n'ai pas le droit de vous dire ça, mais je vous le dis quand-même ». Je leur dis ce que je pense mais en prenant parfois des chemins détournés.
Par exemple, avec une patiente qui est professeur des écoles qui en vient à parler de la situation actuelle : « Oui, c'est compliqué, le coup fait aux enseignants : le dimanche soir donner le nouveau protocole pour le lundi matin... ». J'essaye de donner un sens global à ce qu'elles

____
25 Cf. extrait de la new letter en date du 14 septembre 2021 page 51

vivent.

Une autre se réjouissait d'avoir assez d'anticorps pour être dispensée de la troisième dose : « Je suis contente, j'ai fait une sérologie après mes deux doses, c'était le moment de faire la troisième dose. Je ne voulais pas me faire piquer parce que je suis enceinte et ça me fait peur. La sérologie a montré que j'ai encore plein d'anticorps, je suis rassurée, je n'ai pas besoin de me vacciner ». Puis elle ajoute: « S'il avait fallu que je le fasse, peut-être que je l'aurais fait. On va partir aux sports d'hiver, alors... pour aller boire un chocolat chaud...». Là, je respire, et je reprends ses mots pour qu'elle réalise qu'on en vient à se vacciner pour boire un chocolat chaud et non pas pour se protéger d'une maladie ! La prise de conscience est très difficile.

Une autre patiente est terrorisée parce que son gynéco est allé lui dire qu'il y a des bébés qui ont la covid et qui sont en réa ! Quatre, en ce moment, à la maternité où elle veut accoucher ! Quand elle m'a dit ça j'étais inquiète, puis j'ai réfléchi et je me suis dit que s'il y avait des bébés en réa, je l'aurais su. Et d'autre part, à la maternité où cette dame accouche, il n'y a sûrement pas de bébés en réa puisqu'il n'y a pas de réa ! Pourquoi les gynécos vont jusqu'à mentir pour faire peur ? Pour faire peur !

Je fais comprendre à mes patientes mon point de vue. Mais on n'est plus dans le « professionnellement » correct et on doit garder nos distances.

Qui se pose des questions et qui se positionne ? Une patiente sur vingt, pas beaucoup plus. Les femmes racontent que pour accoucher, il faut mettre un masque ! Que ce n'est pas facile mais qu'elles se résignent ! Elles se posent parfois des questions par rapport aux vaccins mais concluent : « C'est comme ça ». Une de mes patientes, aide-soignante a eu la Covid. Par la suite, elle a eu une injection. Enceinte, elle a repris le travail et a fait une troisième dose, alors qu'il n'en était même pas question, ce n'était pas encore obligatoire. Elle s'est dit quelle serait tranquille ! Enceinte, on vous dit de ne pas fumer, de ne pas manger de sushis et on vous vaccine ! Ça ne me paraît pas logique ! Une autre patiente dit : « Je suis vaccinée mais c'est bien parce que j'étais obligée ! ».

Claire :

Le Conseil de l'Ordre ne veut pas qu'on propose aux femmes un discours différent du discours officiel[26]. C'est compliqué pour la plupart des professionnels en obstétrique de s'engager dans un traitement sans recul suffisant chez des femmes enceintes ! Pour émettre quelques réserves et s'adapter à chacune, les mots choisis ont leur importance. Les sages-femmes qui faisaient des consultations étaient en première ligne avec les gynécos pour proposer la vaccination. Pour celles qui souhaitaient se faire vacciner, la plupart des professionnels leur conseillaient d'attendre le deuxième trimestre. Ils ne les poussaient pas à le faire au premier trimestre, contrairement aux recommandations, ils leur laissaient le choix. Les patientes devaient aussi signer un consentement où il était spécifié qu'il s'agissait d'une injection expérimentale. Une sage-femme avait souligné cette phrase ; il y a des façons de faire qui peuvent éclairer et inviter à une réflexion personnelle, sans en rajouter. Dans les échanges avec les couples, on peut informer mais interdiction de dire qu'on n'est pas du tout sûr que ce soit le bon choix. Il ne faut pas faire de vague. C'est éthiquement difficile de s'engager auprès des couples sur l'innocuité de cette injection pour eux et leur

---

26 Cf extrait de la newsletter du Conseil National de l'Ordre en date du 14 septembre 2021 page 51

enfant à venir comme nous le demande le Conseil de l'Ordre. Sacrée responsabilité !

Ella :

Avec les patientes au début, j'étais hyper prudente, je me demandais ce que je devais dire. Qu'est-ce qu'il est admis en tant que sage-femme, qu'est-ce que je peux affirmer ? J'avertissais: « Faites ce que vous voulez mais moi je ne vous « vaccine » pas. Et je ne vous le conseille pas. ». Très rapidement je leur ai dit que moi-même je ne me ferai pas vacciner.
Ce qui était difficile pour moi c'était de savoir qu'une patiente allait se faire vacciner, ça me torturait. Qu'allait-t-il se passer pour elle ? Qu'allait-t-il se passer pour le bébé ? J'avais peur pour elle et pour son bébé. Les papas, qui voulaient être sûrs de pouvoir accompagner leur femme au moment de la naissance, se sont fait « vacciner » aussi. ! Un papa non vacciné ne pouvait pas être présent auprès de sa femme au moment de l'accouchement ! Mais quel abus de pouvoir monstrueux de la part des politiques ! Sous le couvert de la sécurité pour tous ! Je trouvais ça très difficile.
Certains étaient mal après la deuxième injection, quand ils avaient des réactions. Et ceux qui ont fait quand même une troisième injection en ayant un tout-petit dans les bras ! En tous cas, le plus difficile, ce n'était pas la peur pour moi, c'était de voir vers quel monde vont les femmes enceintes, les bébés et l'humanité. Au début, je me suis dit qu'il fallait arrêter de faire des bébés car c'est une folie. Ensuite, je me suis dit, qu'au contraire, si on veut changer le monde, il faut des petits courageux qui nous aident, il faut faire confiance. Il faut les aider à grandir dans la confiance.

J'ai arrêté de travailler en tant que sage-femme libérale dans le système de santé français le 15 septembre 2021.

Les femmes que j'avais vues avant savaient que je n'avais plus le droit de travailler. Je faisais encore des visites à domicile où je voyais des bébés. Je n'avais pas le droit de le faire, mais mes collègues étaient submergées, les femmes n'avaient personne, je ne pouvais pas ne pas le faire. Je n'étais pas payée tant pis. Le côté humain était beaucoup plus important. Je me débrouille, je n'ai qu'un enfant qui est grand qui peut subvenir à ses besoins. Il n'y a pas de raison que je panique pour moi. Le temps est passé et je me demandais si ça allait continuer, peut-être allait-il y avoir un changement ? Peut-être cette folie allait-elle s'arrêter ?

Dans sa newsletter, le Conseil National, à la veille de l'obligation vaccinale, appelle clairement à la délation et utilise la menace envers toute voix dissidente.

« Action à l'encontre des professionnels participant à des actions de désinformation.
Plusieurs conseils départementaux et sages-femmes ont informé le Conseil National de la diffusion par des membres de la profession de fausses informations relatives à la vaccination. La circulation de telles informations constituant des infractions aux règles déontologiques et pouvant porter atteinte à la santé des patientes des actions judiciaires et disciplinaires ont été prises. Le conseil national a décidé d'une part de signaler les faits aux procureurs et aux A.R.S. concernées en raison de la mise en danger de la vie d'autrui. D'autre part le conseil a décidé de porter plainte contre les sages- femmes identifiées devant la chambre disciplinaire. » [27]

---

27 Les Sages-Femmes Clés exposent dans un document de recherches, extrêmement étayé, tous les arguments (références vérifiables à l'appui) concernant les doutes légitimes que tout professionnel de santé peut avoir face à la pertinence de l'injection à ARNm pour les patientes et pour les soignants. Aucune réponse, aucun accusé de réception du Conseil national de l'Ordre des Sages-femmes ni les conseils départementaux. Ce document est disponible sur demande : sfcles@protonmail.com

Iris :

Quand la vaccination a été proposée au personnel, c'est-à-dire à partir de janvier 2021, je n'ai pas crié sur les toits que je ne voulais pas être vaccinée. Mes collègues le savaient mais ça s'est arrêté là. Puis à partir du printemps 2021, au cours de la période pendant laquelle on a incité les femmes enceintes à se faire vacciner, j'ai fait l'autruche. Lorsque l'organisation de la vaccination des femmes enceintes a été à l'ordre du jour, les patientes ont été adressées dans des centres de vaccination du secteur, car les effectifs soignants ne permettaient pas de l'effectuer à la clinique. La direction a décidé de créer une boîte mail spécifique pour que les patientes puissent poser des questions, si elles en avaient, si elles ne savaient pas comment faire etc., pour qu'on puisse leur répondre et les adresser au centre de vaccination le plus proche. Lorsqu'il s'est agi de décider qui allait gérer cette boîte mail, je n'ai rien dit, je ne me suis pas proposée, et on m'a oubliée. Jusque-là, la communication avec les patients m'incombait souvent car au bout de 38 ans de service, je connais tous les rouages de la maternité. Mais je n'aurais jamais pu dire à une femme d'aller se faire vacciner. C'est une des raisons pour lesquelles j'ai arrêté mon activité. Je ne pouvais pas continuer d'exercer au sein d'une institution dans laquelle j'étais contrainte de dire aux patientes le contraire de ce que je pense sur un sujet aussi lourd de conséquences. Lorsque les patientes m'auraient posé directement la question, quelle aurait pu être ma réponse ? En entretien prénatal, par exemple, si la patiente m'avait demandé un conseil... Que dire ?

Sarah :

J'ai reçu une lettre du Conseil de l'Ordre qui dénonçait les sages-femmes qui s'autorisent à avoir un discours qui va à l'encontre du vaccin. Cette posture est perçue comme absolument anormale, car de nombreuses études montreraient que le vaccin est inoffensif pour la femme enceinte. Se positionner comme ça de la part de l'Ordre, est incroyable ! Elles sont où les études ? Qu'ils nous les montrent ! Je suis ouverte à lire ces études-là aussi, mais il n'y en a pas, où est le recul ? Il me semble que pendant mes études on a appris le principe de précaution, donner le moins de médicament possible à une femme enceinte. C'est la base il me semble, et on l'a perdue. Et c'est ça qui m'étonne chez les soignants. Tout ce qu'on a appris vole en éclats.
Je cherche à comprendre pourquoi la majorité des médecins admet sans preuve ce qu'on leur dit, je sais que les médecins s'appuient sur les journaux médicaux, les articles de revues médicales. Comment ça se passe d'habitude ? On est abonné à des revues, on reçoit des recommandations, on « obéit », on ne se pose pas de question ?

Sophie :

Rien que le fait d'être rémunéré, rien que le fait que ça rapporte des ronds, c'est déjà suspect. Si tu es persuadée que la vaccination est quelque chose de magnifique tu vas vacciner tout le monde gratuitement ! J'aurais tellement l'impression de faire quelque chose de bien ! Mais non ! En tant que sage-femme on est payée 280[28] euros pour

28 https://www.ordre-sages-femmes.fr/actualites/vaccination-covid-19-le-conseil-national-repond-a-vos-questions/

aller faire une demi-journée d'injections ! C'est plus que pour une garde de 12 heures en exerçant notre métier en salle d'accouchements ! Pour une libérale, 280 euros la demi-journée ! Je comprends qu'il y en ait qui, sans hésiter, choisissent de se compromettre ! C'est bien payé ! Sur les réseaux sociaux, j'ai vu des annonces de praticiennes nouvellement installées : « Bonjour, je viens d'emménager ici, je voudrais gagner quelques sous, comment je peux faire pour rejoindre le centre de vaccination ? ».

Ella :

Avec les collègues autour de moi, nous avons décidé de partager honnêtement nos solutions par rapport à l'obligation vaccinale. On a décidé aussi de garder cela pour nous, de ne le dire à personne, car cela ne regarde personne. Pour moi, c'est important de garder le secret médical. En réalité qu'est-ce que j'en ai à faire si l'autre est vacciné ou pas ? Toutes celles qui ont décidé de continuer à travailler ont trouvé leur solution, on n'en parle plus, ce n'est pas un problème entre nous.
J'ai arrêté d'être officiellement sage-femme. Alors mes collègues ont décidé de m'offrir une matinée où on a fait une petite cérémonie. Chacune a raconté comment elle m'a connue, j'ai eu une couronne de fleurs avec des bougies autour. Elles ont témoigné de tout ce que j'ai apporté en tant que sage-femme pour elles. Donc un lien existe entre nous, même si ce n'est pas toujours évident car nous avons toutes de fortes personnalités. Nous avons vécu un moment important et nous avons éprouvé beaucoup d'émotions fortes, des rires et des pleurs nous ont accompagnés.

Clara :

Localement j'ai essayé de créer des liens avec les collègues sages-femmes de l'hôpital. Elles sont trente-cinq, six ont résisté. Parmi ces six, cinq se sont fait vacciner le 15 septembre, elles y sont allées en pleurs. On avait les moyens de créer un petit groupe résistant mais ça n'a jamais pris. Je suis vraiment déçue.
Les gens s'isolent. Les professionnels de santé sont harcelés depuis le mois de juillet 2021. On a essayé de se voir une fois. Mais elles étaient en mauvaise santé physique. J'ai compris que ça ne passerait pas par là. Ensuite, j'ai contacté un médecin que je connais, qui est du coin avec qui on a essayé de monter un groupe de soignants. Les réunions avaient lieu dehors mais c'était en novembre, on avait froid. La première fois on était six, la deuxième fois on n'était plus que trois. Après j'ai proposé de le faire à mon cabinet, on était trois ou quatre et la dernière fois on était deux, dont ma voisine qui est thérapeute et qui me soutient. Je voulais agir localement avec le Collectif Uni mais je ne suis pas sur le même réseau social. La porte s'est fermée, je me suis retrouvée seule. Maintenant, je suis dans un collectif citoyens. Je veux aller dans du soutien et de l'entraide. Le collectif local qui a fêté sa 1ère année d'existence, fait du lien pour que les gens soient moteurs dans les manifestations. J'y ai rencontré un petit réseau qui démarre avec des personnes ouvertes avec qui je me sens bien. Je me sens bien avec les citoyens car je trouve que les professionnels de santé ne s'occupent pas assez d'eux, ils se sentent victimes, est-ce qu'ils ont peur d'aller mieux ? Pour moi maintenant s'occuper de soi est la priorité.

L'association et les syndicats : un lac d'indifférence

Les deux syndicats de sages-femmes particulièrement silencieux ont été jusqu'à ignorer purement et simplement les adhérentes qui les interpellaient au sujet de leur positionnement face aux menaces qui pesaient sur les non vaccinées et face à la situation intolérable des sages-femmes interdites d'exercice. L'Association Nationale des Sages-Femmes Libérales, interpellée le 25 juillet 2021 sur leur position par rapport aux dispositions gouvernementales concernant la vaccination des soignants, répondait en ces termes :

Bonjour,
Vous n'êtes pas sans savoir, que nous sommes au cœur de l'été, que le CA est bénévole et que surtout, il était important que le sujet soit discuté.
Au vu des statistiques actuelles et du rapport bénéfice risque, nous sommes tout à fait en accord avec la vaccination des soignants, d'autant plus que nous prenons en charge une population à risques, celle des femmes enceintes. Mais nous pouvons en effet regretter que le gouvernement ait dû rendre obligatoire la vaccination pour les soignants. Nous sommes par ailleurs dans l'attente de précisions sur l'application du pass-sanitaire dans nos cabinets, seule situation où l'avis de l'ANSFL sur ce sujet sera légitime. Cordialement,
**** pour le CA de l'ANSFL[29]**

---

29 A.N.S.F.L. : association nationale des sages-femmes libérales

Ella :

Je faisais partie de l'A.N.S.F.L. j'ai commencé en 99, je faisais partie du bureau J'étais active, c'était pour moi quelque chose d'important, j'ai adoré aller aux AG, retrouver les autres sages-femmes qui font des accouchements à domicile, c'était important et agréable de retrouver les consœurs. En mars ou mai l'année dernière, il y a eu une lettre par mail, envoyée à tout le monde. La première phrase était : « J'espère que vous vous portez bien en ces temps difficiles et que vous êtes tous bien vaccinés ». Je n'ai pas pu lire plus avant le mail tellement j'étais sidérée.

L'association était un lieu où on pouvait être critique, où la différence était acceptée, où on pouvait dire ouvertement ce que l'on pense, et là, les membres actifs de l'association ne voient pas ce qu'il se passe ? Le Conseil de l'Ordre, le syndicat, l'association, tous ont le même discours. Je reçois des messages dans un groupe Whatsapp, des sages-femmes de la région, certaines que je ne connais même pas mais je vois à quel point elles étaient prêtes tout de suite à participer à la « vaccination ». Elles étaient prêtes à aider, pensant bien faire. On ne vit pas dans le même monde. Même mes collègues sages-femmes qui font des accouchements à domicile voulaient bien aller vacciner... Je ne comprends pas. J'ai discuté avec une collègue, elle n'avait pas énormément de boulot, elle s'est dit 280 euros pour une demi-journée c'est quand même pas mal. Injecter un produit sans savoir ce qu'il y a dedans... Je lui souhaite de ne jamais regretter ce qu'elle a fait. Pour elle c'est une question d'argent, l'argent est l'argument qui est avancé. Elle voit bien qu'en tant que sage-femme elle ne peut pas gagner sa vie aussi facilement qu'en vaccinant. Elle s'est dit : « Pourquoi pas? J'irai vacciner, si ce n'est pas moi c'est quelqu'un d'autre qui le fera ». Certaines sages-femmes qui proposent des accouchements à domicile vaccinent … Je ne comprends pas !

Elle pense que c'était urgent, que l'épidémie est tellement dangereuse qu'il est normal de nous proposer plus d'argent, elle pense aider à une bonne action ! Comment tellement de gens ne voient pas que ça ne va pas? Profondément. On est déjà dans le mur de toutes façons mais que faut-il encore pour que les gens se réveillent? J'ai souvent été stupéfaite, beaucoup d'incompréhensions. Jusqu'à quel point nous sommes manipulables, jusqu'à quel point on peut faire croire des choses, et comme tout est tellement fragile ! Nous sommes fragiles, comme des enfants. C'est comme quand on fait croire quelque chose à des enfants parce qu'on a un pouvoir. Mais là, ce sont des adultes en face et on leur fait croire n'importe quoi et ça marche quand-même. Comment est-ce possible ?

La peur ! Faire peur ! Il y a eu un moment où j'étais en colère mais c'était plus de la stupéfaction, de l'incompréhension totale.

Les syndicats n'ont pas bougé. C'est ça que j'ai réalisé : que tout est pourri, ce n'est pas juste une partie, c'est l'ensemble qui est pourri. Comment l'Ordre National a réagi ! Je pensais que les syndicats allaient nous défendre, mais rien.

Un grand mouvement de contestation de sage-femmes a débuté en septembre 2021. Comme depuis de nombreuses années, sur un motif trop connu, les syndicats (ONSSF[30] et UNSSF[31]) mettent en cause les effectifs insuffisants, les conditions de travail détériorées qui épuisent les professionnelles et compromettent la qualité et la sécurité de la prise en charge des femmes et des nouveaux-nés. Ce constat n'est pas nouveau, le manque d'attractivité de la profession non plus. A leur fenêtre, les sages-femmes interdites d'exercer regardent leurs consœurs manifester. Elles ont peine à y croire, mais il faut se rendre à l'évidence, pas une seule revendication, pas un seul soutien, aucun mot, aucune allusion aux suspensions. Aucune question sur ce « nouveau statut » qui ne donne aucun droit. Un professionnel de santé de la fonction publique « suspendu » ne reçoit pas de salaire, ne peut prétendre à aucune aide sociale, ni ne peut travailler ailleurs. Cette situation proprement surréaliste qui bafoue tous les fondements du droit du travail n'émeut aucun syndicat, aucune association de sages-femmes.

Sophie :

En d'autres temps, j'aurais suivi le mouvement de grève, j'aurais soutenu les revendications et les mouvements. Et avec l'espoir qu'on soit revalorisées, je pense que cet engagement m'aurait tenue. Mais aujourd'hui, je n'ai pas levé le petit doigt. Quand des patientes me parlent des mouvements, je ne relève pas. Je n'en ai rien à faire. Ces sages-femmes qui revendiquent n'ont fait preuve d'aucune confraternité, aucun soutien, pas un mot sur les collègues qui se trouvent sans revenus. Elles en ont sûrement toutes eu une qui les touche de près ou de loin ! Que tu travailles à l'hôpital, que tu travailles en clinique, que tu travailles

---

30 Organisation nationale syndicale des sages-femmes.
31 Union nationale et syndicale des Sages-femmes.

en libéral, tu es obligée d'en connaître au moins une qui est suspendue, qui est dans la merde. Il n'y a pas eu un mot, on n'a pas vu passer un seul mot, pas un geste. Même sans plaindre les sages-femmes qui sont suspendues, dire au moins que ce sont des collègues, avec le même métier, elles ont fait un choix, peut-être on peut faire quelque chose ? Une cagnotte pour les « suspendues » ? On fait des cagnottes pour les grévistes, pourquoi pas pour des sages-femmes suspendues? Le droit du travail est bafoué. Tout simplement. Même sans prendre de position par rapport au vaccin, une fille qui travaille à l'hôpital et qui, du jour au lendemain ne peut plus venir travailler, ça manque à l'équipe! Dire que, déjà, nous n'étions pas nombreuses, avec les suspendues ça nous en fait une, deux, trois de moins. Mais même pas ça! Elles nous ont tourné le dos. Je n'ai rien vu passer ni dans les réseaux sociaux, ni dans les messages de la CPTS[32], quoi que ce soit qui puisse aller dans ce sens-là. Il n'y a pas eu un seul geste.

Les médias :

Pendant l'installation de l'épidémie, on réalise que finalement tous les médias sont aux ordres et complices. Ils sont le vecteur principal de la propagande.[33] Les prédictions catastrophiques assénées chaque jour par tous les médias y compris ceux à qui on attribuait une certaine indépendance, entretiennent le mensonge par une dramatisation de l'épidémie, la publicité concernant les

32 Communautés Professionnelles Territoriales de Santé (CPTS). Elles ont été créées dans le cadre de la loi de Modernisation du Système de Santé de 2016 (article 65).
33 La doxa du Covid , tome 1, chapitre 14, Laurent MUCCHIELLI, Médias et réseaux sociaux, vecteurs majeurs de la propagande politico-industrielle, chapitre 14

Sarah :

J'écoutais beaucoup France info et France inter. Dans une émission des gens pouvaient téléphoner. Une aide-soignante avait téléphoné en expliquant son mal être, je me retrouvais dans ses propos. Elle disait : « On nous a applaudis tous les soirs et maintenant on nous met la pression ». Quand elle a raccroché, la journaliste a repris ses propos et les a complètement déformés. J'ai trouvé ça très injuste, l'aide-soignante avait raccroché, elle ne pouvait même pas riposter en disant qu'elle n'avait pas dit les choses comme ça. J'ai entendu cette journaliste transformer des propos, ça m'a déjà agacée. Dans la suite de l'émission dont le titre était « Je veux me faire vacciner, mon conjoint ne veut pas » (ou l'inverse), je me disais que ce débat était intéressant pour voir comment ça se passe dans les familles. Mais en fait, le sujet n'a pas du tout été abordé. La journaliste a enchaîné avec d'autres témoignages. Les vaccins n'étaient pas obligatoires mais on sentait déjà un clivage. D'autres personnes ont donné leur opinion différente de celle de l'aide soignante. Et la journaliste a conclu à la fin : « Alors qu'on sait très bien qu'il faut se faire vacciner ». Là, j'ai compris ce que c'était cette radio ! Moi qui croyais qu'il y avait un vrai débat ! J'ai compris à ce moment-là que la journaliste avait un parti pris, et se permettait de dire ce qu'il faut faire, de conclure : « On sait bien que le bons sens c'est d'arriver à la vaccination. (…) Il faut qu'on arrive à faire changer d'avis ceux qui pensent différemment, et à leur expliquer ». Après ce jour-là, j'ai écouté la radio différemment. J'ai entendu que tout était orienté, tout.

Un jour il y a eu une interview, du genre : « Vis ma vie », c'était le quotidien d'un médecin du travail. Là, bizarrement dans son quotidien, le médecin du travail reçoit une salariée qui avait un problème de santé, qui était inquiète et qui souhaitait ne pas recevoir l'injection, elle avait peur que ça ne l'aggrave. Le médecin discute avec elle sur le covid, sur le vaccin et à la fin de l'interview elle dit : « Je suis contente, j'ai gagné ma journée, j'ai réussi à la faire changer d'avis et à la faire se vacciner ». Tout est orienté, c'est frappant quand on écoute les infos. D'ailleurs depuis je n'écoute plus la radio ou très rarement, ce sont des « vendus ». C'est de la propagande.

Cela me choque. Je reste méfiante envers tout ce que je reçois, tout ce que je lis, je cherche quelles sont les sources. France-inter ne donne pas toujours les sources mais on admet, les gens admettent que c'est la vérité.

Sophie :

Une dentiste intervenait à Sud Radio, elle expliquait sa situation, elle était dans le même cas que nous, donc, interdite d'exercer. Le journaliste était étonné qu'elle ne puisse pas se faire remplacer : « Mais comment ? Vous n'avez pas pu vous faire remplacer ? » Donc elle explique: « Non, je ne suis pas vaccinée, je ne peux pas me faire remplacer.
- Même par un vacciné ?
- Oui, même par un vacciné. »
Et pourtant ça fait quand même un moment, maintenant qu'on est dans cette situation-là et personne n'a l'air d 'être

au courant, personne ne le sait.

Et aussi, un médecin est intervenu sur Europe 1. La journaliste le présentait : « Vous m'avez dit de dire que vous n'aviez pas de conflits d'intérêts, pourquoi c'est important ? » Le médecin qui lui répond : « Parce que révéler ses conflits d'intérêt, c'est légal. Quand on intervient sur un média, il faut présenter ses conflits d'intérêts ». A la fin de l'interview les journalistes reconnaissent : « Alors, finalement, quand on fait venir des médecins, nous devrions leur demander s'ils ont des conflits d'intérêts ? »

Les bras m'en tombent, c'est la loi, les journalistes sont en infraction depuis toujours ?! Ils ne doivent pas attendre que le médecin précise s'il a des conflits d'intérêts. C'est le métier du journaliste de se renseigner, d'aller voir sur Transparence Santé d'où vient ce médecin avant de le faire intervenir.

Donc les journalistes ne font pas leur métier, tout le monde s'en fout, tout le monde fait à sa sauce, nous aussi on va faire à notre sauce. Moi, je suis au travail et on verra bien.

Deux mondes psychiques

Sarah :

J'ai travaillé au mois de juillet 2021 avec cette pensée de vaccination, et en août ça m'a gâché mes vacances. Je regardais tous les jours mon téléphone pour voir sur les réseaux où en était l'obligation vaccinale. J'avais très peu discuté de tout ça avec mon conjoint, je n'étais pas très à l'aise. J'appréhendais de me faire suspendre, et j'appréhendais sa réaction. Comment prendrait-il les choses ? Nous sommes deux pour faire fonctionner le foyer. J'avais une pression supplémentaire de savoir si j'étais soutenue ou pas dans mes choix. Il était inconcevable de me faire vacciner à la rentrée, pendant les vacances nous en avons discuté et il m'a assuré de son soutien. Ça m'a énormément soulagée. Quand j'ai repris le travail ma décision était prise et cela aussi a été un soulagement. Peu de temps après, un décret a précisé que la vaccination n'est pas obligatoire pour travailler en crèche. C'était un souci de moins, j'ai pu garder mon boulot quelques mois. Mais même si je pouvais continuer à travailler j'étais du côté des suspendus. J'ai continué à bosser en me disant que si du jour au lendemain j'étais concernée par l'obligation, j'arrêterais mon boulot. Je suis du côté de la guerre à mener, du côté des soignants suspendus, ça c'est sûr. Je me disais que je démissionnerais quitte à faire des ménages. J'étais dans cette optique là et la directrice de la crèche a eu la même démarche que moi, elle est éducatrice et s'était dit qu'elle démissionnerait aussi. Comme elle a eu cette réflexion pendant l'été, quand elle a repris fin août elle a pris la décision de partir quand-même. Ça l'a poussée à partir. Cette obligation remet en question beaucoup de choses de la vie. Dans le boulot je n'ai pas eu trop de difficultés, car ma décision était prise, je serais allée jusqu'au bout. La question de l'obligation en crèche a été rediscutée à un moment donné, elle a failli nous tomber dessus puis finalement non. Quoi qu'il arrive, je savais que j'arrêterais, que je me débrouillerais autrement pour trouver de l'argent. On gagne tellement peu que j'ai été habituée à de très bas salaires.

Dans ma famille on n'a pas tous le même avis, mais on arrive à se positionner et être tolérants les uns avec les autres. Nous respectons nos choix. Ma mère s'est fait vacciner mais a complètement « tourné sa veste » après la deuxième injection. Elle est à fond sur les réseaux, elle est hors d'elle avec tout ce qu'elle lit, elle n'a jamais été intéressée par la politique et maintenant elle est passionnée. Elle est horrifiée de tout ce qui est mis en place par le gouvernement, elle crie au scandale, même plus que moi.

J'ai eu droit à quelques réflexions qui m'ont fait vraiment mal de la part de quelques amis. Une amie m'a dit de façon très violente : « Je trouve ça criminel, les soignants qui ne se font pas vacciner ». Je l'ai donc pris pour moi, je suis une criminelle ! Je ne sais pas si elle a mesuré la portée de ses propos. Elle a pris l'exemple de la tante de son mari qui avait attrapé le covid à l'hôpital. Pour elle, c'était à cause d'un soignant non vacciné. Quand on sait maintenant que les soignants vaccinés ont le droit d'aller travailler tout en étant malades mais que les non vaccinés ne peuvent pas y aller alors même qu'ils peuvent prouver qu'ils sont en bonne santé. Entendre ça, me révolte. J'ai voulu lui expliquer qu'on avait une conscience professionnelle, qu'on avait les moyens de ne pas mettre ses patients en danger et que le vaccin n'empêche rien dans la contamination. Mais c'était sans retour, il n'y avait pas moyen d'argumenter, elle répondait « A la TV, ils disent que... » J'ai opposé le fait que l'information peut se trouver ailleurs qu'à la TV, mais j'ai vu que la discussion était sans appel. Ça m'a fait du mal et j'étais tellement fâchée que je ne l'ai plus vue pendant très longtemps. Récemment, j'ai repris contact en évitant le sujet, je n'ai pas envie de perdre cette amie, je ne sais pas si on pourra en reparler à distance, si avec le temps elle arrivera à comprendre mon point de vue. C'était très dur. J'aurais aimé que cette amie en face de moi me dise : « Tu n'es pas du même avis que moi, essaye de m'expliquer pourquoi ».

<h2 style="text-align:center">J'ai peur pour mon fils</h2>

Sophie :

J'ai peur pour mon fils, j'ai peur qu'on l'empêche de faire ses activités. Pour l'instant il va pouvoir aller au foot sans avoir de pass, de vaccin etc. Encore une fois, j'avance au jour le jour, mais j'ai très peur.
Je vois sur son emploi du temps qu'il n'y avait pas de cours mais à la place une réunion d'information. Je me suis demandée si le sujet n'était pas le covid. Je lui ai dit en riant : « Ils vont te parler du covid, alors on s'en fout, tu laisses parler, tu n'écoutes pas ». Quand j'ai su qu'ils avaient parlé d'autre chose, je me suis sentie soulagée. Cette peur-là ne devrait pas exister. Souvent je lui dis : « Si on t'oblige à te faire vacciner, tu pars, tu cours, tu cours mon fils, tu pars, tu t'échappes ». J'ai peur pour lui. Mon conjoint est de mon côté, j'ai cette chance parce qu'il pourrait très bien se positionner autrement. Malgré tout c'est difficile. Même si c'est très dur, j'arrive à me lever le matin, même si je suis pas bien, si je dors mal ou si je ne dors pas. Des matins je me lève, j'ai l'impression que j'ai eu de la fièvre toute la nuit comme quand tu as la grippe. La fièvre est enfin tombée, tu te lèves en transpirant. Heureusement, il y a le yoga, heureusement, il y a les méditations, je pense que c'est ma bouée de sauvetage. Mais je surnage, j'ai de l'eau jusque-là, et l'image est forte quand tu sais que je ne sais pas nager et que j'ai peur de l'eau.
J'ai pris de la distance par rapport à des personnes avec qui j'aurais pu être plus proche. Par exemple les parents des copains de mon fils. Quand une rencontre est

organisée, on dit qu'on ne peut pas. On sait que la situation sanitaire et la vaccination peuvent venir sur le tapis. C'est très compliqué. Les relations se restreignent au minimum. A une fête d'anniversaire, quand le sujet est arrivé dans la conversation, j'ai fait diversion. On parlait d'autres choses surtout, pour ne pas aborder le sujet. Même avec la famille. Ma nièce, aussi que j'ai très peu vue à cause de ça. Beaucoup de gens pensent comme on le leur demande dans les médias. Je n'ai pas grand monde autour de moi qui réfléchit. Je suis isolée. Finalement, à cause de ça, on ne va pas vers les autres autant qu'on pourrait. Un clivage s'installe.

Clara :

Un lien a été coupé. Nous étions un groupe de sages-femmes. Quand j'ai voulu faire un pot de départ en janvier, seulement les « plus anciennes » sont venues, les jeunes ne sont pas venues. Quand j'ai envoyé la lettre « Voix de Sages-Femmes »[34] à des collègues de ma ville, une qui m'a dit : « Mais où sont vos sources? Moi je n'ai pas les mêmes ». Je lui ai envoyé la lettre du collectif Sages-Femmes Clés[35], mais elle ne m'a fait aucun retour. Je m'étonne, les gens se taisent. Dans mes relations professionnelles, on montre une façade mais on n'entre pas dans la discussion profonde.
Dans ma famille, la plupart ne sont pas vaccinés, on est plutôt résistants. Je n'ai pas perdu d'amis mais c'est moi qui ai un regard différent sur les gens. J'ai une copine sage-femme que je n'ai pas perdue de vue mais avec qui je ne peux plus discuter. Je la connais depuis mes études. Elle s'est fait vacciner en me disant : « Je te le dirai après

---

34 Cf page 3.
35 Cf page 52.

mes deux doses, je te montrerai que tout va bien ». C'est ce qu'elle a fait, et à la fin de l'année 2021 elle m'a présenté ses vœux et m'a redit : « Tu sais bien que tous les soignants sont vaccinés ».

Dans mes relations amicales, on n'en discute pas trop, on ne touche pas trop à ce sujet. Une amie de longue date qui est infirmière, s'est fait vaccinée. Elle m'a demandé que je lui explique pourquoi, moi, je ne voulais pas. C'était fin août, je lui ai raconté ce qui se passait, ce que je lisais, je lui ai dit que j'étais dans le doute et que dans le doute je ne me ferais pas injecter. Elle a cheminé mais on s'appelle comme si de rien n'était, avec nos divergences sur ce thème-là. Tout le monde n'est pas intelligent comme elle. Il y en a avec qui on ne peut pas aborder le sujet, on fait comme si ça n'existait pas.

Ça m'a rapprochée d'amis que j'avais perdus de vue et ça m'a rapprochée d'une ou deux amies sages-femmes qui n'exerçaient plus depuis longtemps. On a repris contact.

Les amis qui se sont fait vacciner ne comprennent pas mon positionnement. Être prêt à perdre un boulot, ça les dépasse ! Maintenant on n'a plus rien à se dire. Cet été, chez un couple d'amis, il ne fallait pas aborder le sujet. Ils se sont fait vaccinés, ils pensent que c'est indispensable pour « sortir de cette histoire ». Ils avaient du mal à digérer qu'on ne soit pas vaccinés, ils disaient que je ne me rendais pas compte, que j'étais égoïste, que je ne pensais pas à l'humanité.

On s'est refait un réseau d'amis libres de penser, libres d'agir, avec un alignement intérieur. Je le sens tout de suite : les gens qui ont fait des choix sont bien dans leurs baskets. Ils sont tristes, ils sont inquiets, d'accord, mais ils ont une part de dignité intérieure. Les gens qui ont fait des faux ou qui se sont fait vacciner portent ça en eux. Il faut assumer, ce n'est pas évident de continuer à travailler dans ces conditions. On fait ce qu'on peut. Mais c'est difficile quand on n'est pas dans la cohérence avec ses idées. Aujourd'hui, je me sens bien dans mon choix. Je suis tellement authentique que ça m'aurait posé un cas de conscience énorme. J'y ai pensé, mais je me suis dit que je n'avais pas envie de me mettre dans ce contexte. Je raisonne à 56 ans, peut-être que si j'avais trente ans, avec des enfants à charge, un loyer à payer, ce serait différent.

Par contre, j'ai appris à mentir, oui, maintenant je sais le faire dans certaines situations. Avant je n'aurais pas pu. Par exemple, j'ai pris des rendez-vous médicaux, la secrétaire me demande si je suis vaccinée, je lui dit « à moitié ». Je me découvre à mentir, mais je sais pourquoi je le fais. C'est pour avoir la paix. Dans ce contexte, ça ne me gêne pas parce que je suis dans un autre monde. Si j'ai besoin d'aller consulter, je rentre dans leur code, je leur dis ce qu'ils veulent entendre. Ça ne servirait à rien d'être authentique. Je leur dis que je suis sage-femme, point barre. Quand on me demande si je travaille je dis oui. Je ne vais pas entrer dans les détails, je ne vois pas l'intérêt, ce serait le conflit assuré et je l'évite. Je travaille dans une maison médicale, ils sont tous vaccinés. Je suis la seule à avoir désobéi. Je ne suis pas montrée du doigt mais ils n'en pensent pas moins. Je fais profil bas. A la maison médicale, j'ai demandé au médecin une ordonnance pour faire un test PCR, pour que le test me soit remboursé. Elle m'a dit qu'elle ne le faisait pas ! « Je ne sais pas comment ça marche ». J'ai laissé tomber mais j'ai trouvé que c'était mesquin. Tout cela nous amène dans un monde très particulier.

Pour le jour de l'an nous étions vingt-cinq dans une grande maison, on a fait une grande fête, dans une grande proximité et ça nous a fait énormément de bien. Et évidemment, par la suite, personne n'a été malade. Quand je suis retournée à la maison médicale, pour une réunion entre propriétaires, quelqu'un a raconté dépité qu'il n'avait rien fait, « vu le contexte, comment faire la fête ? ». On est vraiment dans deux mondes différents. Je vois deux mondes psychiquement. Je désobéis, je vais chercher le pain sans masque, j'ai un autre rythme que les autres, ça ne me pose aucun problème, j'accepte que ma vie soit ainsi.

Il faut aussi des points d'appui. Il ne faut pas toujours être dans le faire. Je pense au bouddha qui ne faisait rien et qui était là, en face ! Avec l'âge, on évolue, on fait différemment. Des copines m'ont dit que je pouvais me permettre d'arrêter de travailler parce que mon mari est à la retraite et qu'il peut me financer. Mes choix n'ont rien à voir avec ça. En septembre je suis allée faire les vendanges, si je n'avais pas eu de tirelire à disposition, j'aurais enchaîné. J'aurais travaillé autrement. J'aurais peut-être même continué à être sage-femme malgré l'interdiction. Je me serais peut-être plus engagée dans le combat.

Beaucoup ne mesurent pas combien les soignants ont été malmenés. On peut s'émouvoir pour l'Ukraine, par contre si la voisine à côté a perdu son boulot, personne ne le sait, on ne s'indigne pas, c'est normal. Elle a perdu son boulot mais elle n'avait qu'à se faire vacciner. On me l'a souvent dit quand je racontais que je ne travaillais pas parce que j'étais suspendue. On me rétorquait : «Ah bon ? Mais pourquoi tu ne vas pas te faire vacciner ? Ne te plains pas, assume ! ». Du coup j'ai arrêté de me dévoiler.

Dans le coin, on a eu quand même du soutien. Les paysans ont donné beaucoup de paniers solidaires. Au début, les soignants étaient très discrets pour les récupérer ! Il y a eu de l'entraide parce que le milieu est assez rural par ici.

Si je rappelle aux gens que beaucoup de professionnels sont empêchés de travailler, je sens une gêne, parfois les gens disent : « Bon courage, chapeau », mais en général ils ne mesurent pas. Si je peux passer l'info, je le fais. Parfois des patientes m'appellent encore, si elles ne le savent pas, je leur dis que j'ai quitté mon activité du fait de la loi du 5 août. Certaines me souhaitent bon courage, je leur donne les coordonnées d'autres collègues qui sont surchargées, surbookées. Certaines m'ont dit qu'elles me rappelleraient pour boire un café, mais personne ne m'a appelée …

Un chemin intérieur, une réconciliation

Clara :

Tout cela a fait travailler ma force, ma résilience, et me pousse à donner du sens à ce qui m'arrive. C'est un chemin intérieur. Quand les autres réalisent, ils me montrent la réalité de ce qu'il se passe. Ce sont parfois les amis qui m'ont fait reconnaître la dureté des choses, je ne mesurais pas combien c'était dur. Quand ils réalisent que certains perdent même leur emploi et en parlent, je me dis que c'est de moi qu'ils parlent. Ce qu'ils me renvoient me fait prendre conscience de l'impact du choc qui m'a amenée à ma décision, comment j'ai été forcée, acculée. L'impact psychique, car sur le coup je ne réalisais pas. Je me disais: « C'est une loi ». Mais en fait c'est hyper violent, les lettres de mise en demeure de l'A.R.S., c'est hyper violent, émotionnellement parlant. Il n'y a pas d'autres choix que d'exécuter les ordres absurdes. Fin août, il y avait des rassemblements auprès des A.R.S. Juste avant l'obligation, on savait que les soignants allaient être suspendus dans trois semaines, mais on ne connaissait pas les modalités. Je me disais qu'on allait faire un collectif de soignants mais ça n'a pas pris localement. Les gens étaient tellement choqués qu'ils n'avaient pas l'énergie de retrouver le groupe.

Ella :

J'ai été étonnée par la réaction de certaines personnes. J'ai une sœur qui a toujours été engagée pour le droit des femmes, l'écologie, le soutien aux réfugiés. Mais pour cette crise, elle dit oui à tout : elle est vaccinée, elle est complètement dans la peur du virus, elle ne voit rien, elle croit que le vaccin qu'elle a reçu est un vaccin approuvé qui n'est pas en phase expérimentale. Je ne peux rien lui dire. Des gens qui ont toujours été critiques, là, ne voient rien. C'est tellement énorme. Moi je suis aidée car j'avais déjà un projet et je n'ai pas cinq enfants à nourrir. Je ne suis pas dans une situation qui m'oblige à continuer à travailler. Je comprends les choix différents. Mais je me demande juste comment c'est possible de ne pas voir lucidement la situation. Voir ce qui ne va pas, et aussi s'ouvrir vers autre chose.

Thaïs:

Avec deux amies qui sont vraiment pro-vaccins, quelque chose change dans les relations au niveau des conversations. On parle un peu boulot mais on ne parle plus de vaccin. Une a été choquée par la façon dont les choses se sont déroulées notamment avec les suspensions des soignants. Mais l'autre, syndiquée, toujours dans la lutte et défendant les valeurs de liberté, n'a pas été choquée par les lois liberticides ! C'est une fille qui a toujours combattu pour défendre les droits, qui est foncièrement bienveillante vis à vis des patients. Elle m'a répondu qu'il faudrait vraiment que tout le monde se vaccine parce que ça nous protège et ça protège les autres. Quand j'ai été mise à pied, elle m'a envoyé un texto pour savoir si j'avais besoin de quelque chose. La situation actuelle est présente entre nous mais ça ne détruit pas la relation. Ce sont de vraies amitiés. Nous avons vécu et partagé des moments difficiles, je pense que notre relation est quelque chose de solide. Par la suite, elle était contente qu'on se revoie. Un jour, elle m'a appris que son bilan hépatique était trois fois au-dessus de la normale et qu'elle avait un problème de thyroïde... Je ne lui ai pas dit que c'était décrit dans les effets secondaires du vaccin.

Claire:

Dans la famille, nous ne sommes pas allés jusqu'à nous fâcher mais certains sujets n'étaient plus abordés, notamment avec les générations précédentes. Je ne sais pas si certains ont compris ce que j'ai fait. Je ne suis pas entrée dans les détails parce que pour eux c'était compliqué de penser qu'on puisse ne pas se faire vacciner et donc ne pas travailler à cause de ça. Avec mon frère ce n'était pas simple non plus. Pendant un temps, on a eu l'intelligence de ne plus parler de vaccination, puis au moment de la troisième dose, sa femme et lui réfléchissaient un peu différemment. On a pu rediscuter ensemble de la gestion du Covid. Au début, il n'était pas certain que j'avais tort mais il n'aurait pas été jusqu'à refuser l'injection. Il avait peur que je perde mon travail. La valeur travail est une valeur forte ! Je me suis rendu compte qu'au delà d'un moyen de subsistance, c'était surtout le positionnement social qu'il apporte qui me manquait le plus. Je touchais de près et pour la première fois, la perte de mon travail. Cela m'inquiétait aussi mais faire quelque chose que je n'ai pas envie de faire est plus grave encore. Les gens me demandaient ce que j'allais devenir et me suggéraient de m'installer en libéral car ils croyaient que seul le personnel de l'hôpital était concerné par l'obligation. Ils ont été étonnés et même choqués quand ils ont su que tous les niveaux du soin étaient concernés. Quand on commence à en parler, on s'aperçoit que les gens sont peu informés. Avec certains, ce n'est pas possible d'en discuter, ils sont dans l'incompréhension totale. D'autres obéissent mais ont un avis critique sur la gestion de l'obligation. Ces personnes faisaient une différence entre ce qu'on nous demandait de faire et la façon dont c'était imposé. Beaucoup étaient choqués par la suspension, ne plus pouvoir travailler, ne plus avoir de salaire.

Rebondir : nous sommes en train de vivre une naissance

Clara :

Ma lutte c'est de rester vivante et en bonne santé. Mon challenge, c'est comment réagir face aux épreuves qui nous attendent. Des gens se préparent à un black-out, je me dis que je survivrai. Peut-être je referai des accouchements, j'ai gardé mon matériel, si on m'appelle un jour, je n'exclus pas l'idée que je puisse faire des accouchements dans des situations extrêmes. S'il n'y a plus d'hôpitaux, si le système de santé a périclité, que la sécurité sociale n'existe plus. Que vont faire les gens ? On ne sait pas. Peut-être un jour on va me réquisitionner ou je me sentirai l'âme d'y retourner. Face à des situations de vie de tous les jours, si c'est dur, on résistera. Je me sens assez mature dans ma tête, ce n'est pas facile mais j'ai de la ressource. C'est quand c'est extrême que j'ai le plus de ressources. Je sais que je peux durer, j'ai espoir. Je prépare des kits pour entretenir ma santé, pour ne pas y laisser trop de plumes, pour bien vieillir. J'ai l'espoir que ça se calme. Est-ce qu'on va revenir comme avant ? Certainement non. Est-ce que le numérique va s'immiscer tranquillement ? Je ne sais pas. Est-ce qu'on aura toujours besoin de notre portable ? Est-ce que les vaccinés vont se réveiller ? Je ne sais pas. J'étudie tous les scénarios. Toute cette histoire de répression n'est pas terminée. Les jeunes sages-femmes sont pleines de ressources, elles ne sont pas façonnées comme nous psychiquement. Elles feront comme elles pourront. Parmi les jeunes sages-femmes, il y a toujours des motivées, qui aiment ce métier. Je fais confiance.

Sarah :

L'avenir, c'est sûr, tout va être chamboulé. On essaye toujours d'espérer. Il faut qu'on sorte de ce système actuel et on espère que ce ne sera pas trop dans la douleur. On rencontre beaucoup de personnes qui sont dans la bienveillance et l'amour. Mais ce qui me dérange c'est qu'on s'achemine vers une société scindée. C'est vers cette scission que l'on tend. Je suis à la fois sereine parce qu'il faut repartir sur autre chose et puis inquiète parce qu'on ne sait pas comment ça va se faire. Il y a des probabilités pour que ça se passe mal.

Sophie :

L'avenir... Je ne suis pas prête financièrement à m'arrêter. Si demain je ne suis plus sage-femme, j'ai deux mille cinq cents euros qui sortent en charges tous les mois, comment vais-je faire ? Je n'ai pas de solution, ce n'est pas possible. Il faudrait que je puisse m'arrêter progressivement. Il y a le local, il y a tout ce pour quoi je suis engagée, les assurances. Je ne peux pas m'arrêter comme ça. Je n'ai pas l'âge de la retraite. L'avenir, ce serait arrêter progressivement d'être « sage-femme conventionnée » pour faire autre chose qui tourne autour du yoga. Mais en même temps, c'est bien d'avoir une partie de mon activité en tant que sage-femme. En fait, le problème essentiel est financier, mon fils est encore jeune, ce qui veut dire pas mal de contraintes encore. Donc non, l'avenir... l'avenir... Je ne sais pas, je n'ai pas de solution, je continue à avancer. Tant que ça tient.

Avant 2019, je m'imaginais continuer jusqu'à la retraite. L'exercice libéral n'est pas toujours facile. Mais j'en voyais le bon côté : je n'ai pas besoin de gagner des milles et des cents, j'arrive à payer mes charges. Je me voyais continuer sur ce chemin. Je n'ai pas le souvenir d'avoir eu d'autres projets. Je pensais continuer, tranquille, avec toujours des formations pour faire évoluer ma pratique.

Ella :

Le 2 août 2021 des professionnels de la santé se sont rassemblés dans un petit village. Un groupe qui existait déjà a eu l'idée de faire un appel pour partager ce que chacun vivait depuis l'annonce du gouvernement. Qu'allions nous faire après le 15 septembre, après l'interdiction d'exercer ? Quelles étaient nos inquiétudes ? Nous pensions nous retrouver à 20-30 personnes et en fait nous étions 120 ! Quand le groupe a réalisé qu'on allait être 120, il a organisé la réunion avec un animateur. Chacun devait se tourner vers son voisin à condition de ne pas le connaître et lui raconter ce qu'il est en train de vivre. Qu'est-ce qu'on fait avec l'annonce de l'obligation vaccinale ? Quelles sont nos peurs ? Comment on pourrait s'en sortir ? Et surtout qu'est-ce que ça impacte sur notre vie ? Nous nous sommes ensuite retrouvés dans des groupes de dix personnes et on a fait un résumé de ce qu'il venait de se passer entre deux personnes, quelqu'un a pris des notes. Il y avait 12 groupes de 10 et un rapporteur pour chaque groupe. Quelles sont nos possibilités ? Nos ressources ? Comment on pourrait changer quelque chose ? C'était génial, tout le monde a pu avoir la parole, tout le monde a été entendu par quelqu'un. On a vu qu'il y avait plein d'idées, de créativité, d'entraide etc. On a refait un rassemblement en octobre. Des groupes d'entraide sont issus de ces rassemblements. Par exemple demander les fins de marché pour faire des paniers pour ceux qui sont vraiment dans la difficulté, surtout les mères avec des enfants : une vraie solidarité possible. Une liste aussi pour demander de l'aide ou proposer de l'aide. Des personnes sont venues de toute la vallée. Constater que l'on est pas seul, surtout ne pas rester seul, imaginer quelles sont les possibilités ? Est-ce qu'on peut se mettre en arrêt maladie ? Est-ce qu'on arrête complètement ? Quelles sont les solutions au niveau juridique ? J'ai beaucoup plus compté sur la réflexion de ces professionnels menacés de suspension que sur celle des syndicats. Je ne suis pas étonnée du silence des syndicats, ça ne m'a pas mis en colère car de toutes façons ils font partie du système. Il faut qu'on trouve nos propres moyens, avec les belles âmes qui existent tout autour et qui veulent bien être honnêtes et faire autre chose. Créer un nouveau monde.

Sarah :

Pour l'avenir, j'ai encore le fol espoir que la machination qu'on suppose se mettre en route ne soit qu'un mauvais rêve. L'hôpital est devenu un ennemi. Aujourd'hui je n'ai plus de médecin, je me soigne toute seule. Demain, si j'ai un gros problème de santé je ne sais pas que faire, qui aller voir. J'ai peur de l'avenir pour nos enfants et en même temps je me dis que ça ne peut pas continuer comme ça. Nos enfants, pour certains, ont des prises de conscience, donc je suis optimiste et je crois qu'une petite minorité va bouger. A titre personnel, je quitte mon métier d'infirmière au bout de deux ans, j'ai démissionné. Après m'être radiée de l'ordre des sages-femmes, je me radie aujourd'hui de l'ordre des infirmiers. Je vais continuer à exercer une médecine alternative, l'homéopathie, la médecine chinoise en espérant pouvoir garder un statut d'auto-entrepreneur. Si l'on vient me chercher un jour parce que ce n'est pas réglementaire en France, je le ferai dans l'ombre, je trouverai un boulot alimentaire et je traiterai mon entourage, en troc, en échange de pratique. C'est comme ça que j'envisage la suite si ça tourne mal.

Clara :

Je n'ai pas utilisé un mot mais je dois le dire c'est « souveraineté ». Comment être dans notre souveraineté ? Cette question m'a beaucoup aidée pour comprendre mon choix. En fait, je protège quoi avec mes choix ? Je protège ma souveraineté.
Il y a une phrase aussi qui m'a beaucoup aidée ces derniers temps, que j'ai lue il y a quelques années, une phrase d'Einstein : « Ne faites rien sans votre conscience même si l'État vous le demande ». Cette phrase pour l'écrire et pour la citer il faut des conditions un peu particulières de vécu. Elle m'est revenue avec l'obligation vaccinale. Et on y est. J'ai quelques phrases qui m'ont soutenue, j'ai beaucoup écrit de citations sur un carnet. Ça nourrit mon âme ça me pose dans ma souveraineté, ces phrases me donnent de la force.

Ella :

Je suis toujours là pour les femmes, je ne suis pas morte, je peux continuer à les aider. J'ai eu la possibilité, sans le chercher, de faire une formation de bioénergie, donc de pouvoir travailler avec les énergies subtiles, invisibles autour de nous, et essayer de me connecter vraiment à un autre monde qui n'est pas visible, mais qui existe aussi. Ça me plaît énormément. J'ai commencé à accompagner des femmes qui ont des vécus de naissance difficiles pour elles, pour voir comment au niveau énergétique on peut agir, mais aussi prendre un temps juste pour écouter, laisser prendre la parole, être là. Un accompagnement différent que j'aime faire et que je vais continuer à offrir de toutes façons.

En 2018, j'avais vraiment besoin de faire un break. Je suis partie dans la forêt. J'ai loué un gîte et j'ai passé mes journées dehors dans la nature. Je me suis posé ces questions : « J'ai besoin de quoi ? Où je suis ? Qu'est-ce que j'aime faire ? ». Là est née l'idée de créer un lieu où je peux accueillir des mamans chez moi pour les aider à faire une pause, prendre un peu de recul et faire une place au besoin primordial. Je vois beaucoup de jeunes mamans qui craquent avec leur tout-petit parce que la pression est énorme, parce qu'il faut faire plein de choses qui sont difficiles. Les nuits sont difficiles, la relation avec leur compagnon est souvent difficile, créer une petite famille de toute façon ce n'est pas évident. Aujourd'hui, c'est assez conflictuel, la réalité est que la grossesse est un moment de stress et pas seulement de bonheur tranquille facile et agréable.

Quand je suis revenue de la forêt, j'étais contente de me remettre à travailler. Ce break m'a vraiment fait du bien, j'étais ravie de revoir du monde. J'étais ravie de retravailler. J'avais trouvé une maison et je me suis dit : « Je vais faire ça ». Mais ça ne s'est pas fait tout de suite, il y avait plein de choses qui ne pouvaient pas se réaliser. Puis, j'ai eu une chance inouïe. J'ai trouvé des personnes qui m'ont prêté de l'argent pour que je puisse acheter le lieu où je suis actuellement, où il y a un appartement juste à côté, complètement aménagé. J'ai pu commencer à accueillir tout de suite des personnes. J'ai donc fait des prêts solidaires c'est-à-dire que je n'ai pas emprunté de l'argent à une banque mais à des personnes qui sont contentes de sortir l'argent de la banque et le mettre à disposition pour des projets humains. Ce lieu existe. La première demande a été pour une naissance accompagnée par mes collègues. La maternité la plus proche a fermé, il n'y en a plus sur un territoire énorme (200 km entre deux maternités). Certaines femmes ont une heure et demi de route à faire voire plus. Mes collègues ont demandé à toute femme qui veut accoucher chez elle qu'elle ne soit pas à plus d'une demi-heure d'une maternité. La maison que je viens d'acheter est juste à une demi-heure de la prochaine maternité. C'est une chance que je n'avais pas du tout calculée. La première demande que j'ai eue c'était pour une naissance. On a aménagé en décembre 2020, ça fait un peu plus d'un an et demi maintenant et depuis, il y a eu 5 naissances. Ce n'est pas moi la sage-femme, mais je suis là, je fais à manger, je viens en pleine nuit si besoin. J'accompagne, c'est le cocooning. Mes connaissances de sage-femme sont là. La semaine dernière, une maman est venue avec un bébé d'un mois parce que dans son couple c'était difficile. Elle avait vraiment besoin de faire un break pour voir un peu ce qu'il se passe. Elle est restée pendant une semaine pour se reposer. Elle a la charge d'une famille recomposée avec des grands enfants, avec son tout petit c'était trop. J'ai pu lui offrir cette possibilité d'être là, j'ai partagé ce moment avec elle. Je laisse la liberté aussi au niveau du prix, je propose une participation consciente et solidaire. On discute ensemble pour voir ce que représente cet argent, qui est une énergie qu'on partage, ceux qui peuvent donnent plus pour que ceux qui ne peuvent pas puissent donner moins. Actuellement, je garde aussi des enfants pour pouvoir vivre. Avec le métier de sage-femme, on ne gagne pas énormément mais ça me suffisait. J'étais déjà bien critique du système de santé, avant le covid.

Une femme et son bébé sont venus dans mon lieu d'accueil. C'est une personne courageuse. Elle m'a dit que quitter le lieu familial, partir pendant une semaine ou plus pour elle ce n'était pas évident du tout. En même temps, elle voyait bien qu'elle en avait besoin. Ce qui l'a beaucoup aidée c'est que je lui ai dit : « Viens voir le lieu, tu peux passer une nuit et si ce n'est pas ce dont tu as besoin tu peux partir, il n'y a aucun engagement, rien. Cherche ce qui est bon pour toi ». Toujours avec l'idée de faire confiance. Ce que l'on vit est juste. On accompagne qui on croise sur son chemin et on accepte que l'autre soit différent. Au fond, on sait ce dont on a besoin, si on reste en contact avec soi. Je ne dis pas : « Chez moi c'est comme ça ». J'ouvre ma maison qui est là : « Elle est là, elle t'attend, tu peux venir ou pas ». Il y a des femmes qui disent j'ai besoin de partir mais dormir ailleurs ce n'est pas possible. Donc elles ne le font pas. Cette maison est en train de naître. J'ai écrit un texte où je précisais que le séjour était de 40 jours maximum, on verra bien si c'est fonctionnel ou pas. La première personne qui a dormi dans ce lieu cette année c'est un homme ! Ça ne va pas dans son couple, ils ont décidé que l'un ou l'autre reste avec les enfants et celui qui n'est pas avec les enfants est chez moi. Vu que j'ai la place, je me dis que c'est aussi une sorte de soutien pour les femmes, les enfants et pourquoi pas pour les hommes ? Les hommes sont en souffrance aussi, nous sommes tous sur le même bateau sur cette terre, il faut s'entraider.

J'appelle le lieu « Maison V » tout simplement. C'est un appartement qui est juste à côté dans le prolongement de ma maison. On peut passer par l'intérieur du bâtiment pour aller de l'appartement à chez moi. Pour la maman avec le bébé si elle a besoin la nuit, elle vient me voir, elle toque à la porte. Dans la journée quand le bébé ne dort pas, que la maman est fatiguée moi je veux bien le garder. La dernière maman qui a accouché chez moi, je l'ai entendue accoucher, je ne l'ai pas vue. C'était très fort à vivre. J'étais très contente de ne pas être la sage-femme et j'avais complètement confiance en mes collègues, elles étaient deux. C'était puissant et au-delà de l'humain connu et maîtrisé : je pensais au lâcher prise, oser aller dans un autre monde, l'inconnu qui s'impose. Ce bébé qui va naître, cette maman qui va naître pour ce bébé, cette naissance, vivre cette naissance, alors j'ai senti que nous aussi, nous, peuple de cette terre sommes en train de vivre une naissance. Oser lâcher le connu pour aller vers un nouveau monde, vers l'inconnu.

Une naissance peut être difficile, c'est oser aller dans ce mystère, se dire : rien ne va être comme avant, on ne sait pas ce qui nous attend, mais en même temps quelle chance !

Ce n'est peut-être pas pour rien que nous sommes là. On peut contribuer à cette naissance-là. En tout cas il n'y a pas de péridurale et les contractions, on les sent passer...

Au lieu de la peur du futur, je souhaite vivre dans la gratitude du présent !

Oui, nous sommes en train de vivre une naissance. Les contractions sont douloureuses. Le travail est long. Mais nous, sages-femmes, nous savons les accompagner avec nos mots, avec nos gestes. Nous avons la patience, l'intuition et la connaissance. Je fais un rêve...
Toutes mes sœurs de métier refuseraient aujourd'hui de faire un pas de plus sur la voie de la technicité, de la peur et du mensonge. Toutes mues par le désir de revenir à la source de notre Art s'engageraient sur le chemin escarpé de la vérité. Un rempart qui protège la naissance se lèverait naturellement. Le monde en serait sûrement transformé. Nous avons entre nos mains cette chance inouïe, ce pouvoir insensé de détenir le possible d'un avenir différent.
Je fais un rêve...

Elsa RELLIER, octobre 2022

Pour poursuivre :

https://lesessentiels.org/

https://les-collectifs-unis.info/temoignages-de-soignants/

https://www.editionseoliennes.fr/livre-166-la-doxa-du-covid

https://www.editions-tredaniel.com/le-debat-interdit-p-10270.html

https://www.dunod.com/sciences-humaines-et-sociales/psychopathologie-paranoia-0

https://www.bookelis.com/documents/50959-Chroniques-du-Totalitarisme-2021.html

https://www.bod.fr/librairie/ne-touchez-pas-a-nos-enfants-emmanuelle-darles-9782322440160

https://www.humensciences.com/livre/Covid-%3A-anatomie-d%E2%80%99une-crise-sanitaire/56

https://www.editions-tredaniel.com/tous-resistants-dans-lame-p-9582.html

https://exuvie.fr/livre/agonie-et-renouveau-du-systeme-de-sante/

FSC
www.fsc.org
MIXTE
Papier issu
de sources
responsables
Paper from
responsible sources
FSC® C105338